Energía

Catedrático, doctor Erich Übelacker

Ilustraciones de Johannes Blendinger, Markus Frey y Frank Kliemt

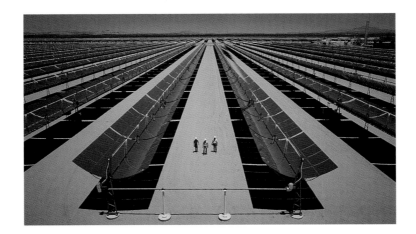

PANAMERICANA
EDITORIAL

Prólogo

A cada paso que damos, nos encontramos con el concepto de "energía". Sin energía no habría vida en la Tierra; sin ella, los automóviles no se desplazarían ni las lámparas iluminarían.

Hasta hace poco se creía que la energía de los núcleos atómicos pronto haría innecesarios paulatinamente el carbón, el gas y el petróleo. El terrible accidente de Chernóbil dejó claro que la destrucción de centrales nucleares, por ejemplo, mediante atentados terroristas supone una gran amenaza. Por ese motivo, Alemania ha decidido abandonar la energía atómica poco a poco.

No obstante, la producción de energía a partir de carbón, gas natural y petróleo también presenta problemas. Estos combustibles fósiles se agotan lentamente y su combustión contamina el ambiente y favorece el efecto invernadero.

Sin embargo, las generaciones venideras no renunciarán a usar calefacción en sus casas. El Sol que con su energía hace posible la vida en la Tierra desde hace 3800 mil millones de años, provee, por ejemplo, a la lluviosa Alemania con ochenta veces más energía de la que gasta.

Hoy existen colectores solares en muchos tejados que proveen de agua caliente y celdas solares que producen electricidad de manera ecológica.

En los últimos años, especialmente en Alemania, ha habido gigantescos progresos en la utilización de energía eólica. Aun cuando los enormes molinos se ven como una deformación del paisaje y una molesta fuente de ruido, ayudan cada vez más a conservar la electricidad igual que antes.

Nuestros descendientes dispondrán, probablemente, de fuentes de energía, si se tiene éxito en la utilización del hidrógeno, presente en nuestro planeta de forma ilimitada, para la producción de esta. Y esas fuentes de energía serán en todo caso mucho más contaminantes que las actuales.

Ubelacker, Erich
  Energía / Erich Ubelacker ; ilustraciones Johannes Blendinger, Markus Frey y Frank Kliemt ; traductora Amalia Risueño. -- Editor César A. Cardozo Tovar. -- Bogotá : Panamericana Editorial, 2012.
  48 p. ; 28 cm. -- (Cómo y por qué)
  Incluye índice.
  Título original : Energie.
  ISBN 978-958-8756-24-0
  1. Energía - Usos - Literatura juvenil 2. Energía - Aplicaciones - Literatura juvenil 3. Energía solar - Literatura juvenil 4. Energía nuclear - Literatura juvenil 5. Energía hidráulica - Literatura juvenil 6. Biomasa - Literatura juvenil 7. Hidrógeno como combustible I. Blendinger, Johannes, il. II. Frey, Markus, il. III. Kliemt, Frank, il. IV. Risueño, Amalia, tr. V. Cardozo Tovar, César A., ed. VI. Tít. VII. Serie.
  333.79 cd 21 ed.
  A1335117

CEP-Banco de la República-Biblioteca Luis Ángel Arango

ÍNDICE DE LAS FUENTES GRÁFICAS:

Fotos: Agencia fotográfica Astrofoto, Sörth: pág. 28; Bilderberg, Hamburgo: pág. 17, 25, 27, 42; Biomasse Infozentrum, Stuttgart: pág. 35; Bonus Energy A/S, Brande, Dinamarca: pág. 39; Corbis: pág. 34 0, 37, 48; Daimler Chrysler, Stuttgart: pág. 46; t Centro Aeroespacial Alemán e.V., Stuttgart: pág. 30, 43, 46; Dpa: pág. 1, 6, 7, 15, 18, 20, 21, 26, 27, 27, 34, 35, 35, 38, 39; Bernhard Drixler, Parque natural Bosque Suabo-Francón: pág. 37 ul; Ecom instruments GmbH; Assamstadt: pág. 33; Fa. Eitech, Pfaffschwende: pág. 33; Agencia fotográfica Focus, Hamburgo: pág. 1, 3, 4/5, 12, 13, 15, 17, 22/23, 31, 32, 33, 34/35, 37, 40, 47, 48; Archivos fotográficos del museo "Fränkischen Freilandmuseums", Bad Windsheim: pág. 37; Geomar, Kiel: pág. 19; Agencia fotográfica Mauritius, Mittenwald: pág. 15, 15; SenerTec, Kraft Wärme Energiesysteme GmbH, Schweinfurt: pág. 16; Velux Deutschland GmbH, Hamburgo: pág. 30; Fa. Wagner GmbH, Markdorf: pág. 33; www.braunkohle.de: pág. 15

Fotografías de la cubierta: parte delantera Corbis Images: M. Kulka (rueda de paletas/conducciones de electricidad), Reuters (auto solar); Getty Images: R. McVay (celdas solares), A. Mo (energía hidráulica); Istockphoto: Ooyoo (Sol), M. Green (rayo); Parte trasera agencia fotográfica Focus: Colectores solares parabólicos; Istockphoto: D. Marchal (Sol)

Diseño de cubierta: stereobloc, Berlín

Ilustraciones: Johannes Blendinger, Núremberg: pág. 5, 6, 9, 10, 16, 30, 32, 42, 44l, 45; Markus Frey, Fráncfort: pág. 10, 11, 30, 38, 43; Frank Kliemt, Hamburgo: pág. 8, 12, 1, 14, 19, 20, 21, 22, 23, 24, 29, 36, 41, 44/45

Gráficos: Johannes Blendinger, Núremberg

© 2010, 2003 TESSLOFF VERLAG, Burgschmietstraße 2–4, 90419 Nürnberg

www.tessloff.com • www.wasistwas.de

Primera edición en Panamericana Editorial Ltda., julio de 2012 • **Título original:** *Energie* • **Editor:** Panamericana Editorial Ltda.

Edición: César A. Cardozo Tovar • **Traducción del alemán:** Amalia Risueño • **Diagramación:** Marca Registrada Diseño Gráfico Ltda.

© 2012 Panamericana Editorial Ltda. Calle 12 No. 34-30. Tel.: (57 1) 3649000 Fax: (57 1) 2373805

www.panamericanaeditorial.com • Bogotá, D. C., Colombia

Impreso en China - *Printed in China*

ISBN 978-958-8756-24-0

Contenido

Energía y sociedad

· Todo el mundo habla de energía. Una tableta de chocolate nos devuelve la energía perdida; de una persona muy vital decimos que tiene mucha energía; profesores o padres se proponen una y otra vez intervenir de forma enérgica. Los científicos se ocupan de la física de altas energías, los políticos discuten sobre energía solar, eólica y nuclear. Pero incluso a esos expertos les resulta difícil decir qué es la energía en realidad.

No nos equivocamos al describir la energía como trabajo almacenado o la capacidad de realizar un trabajo. La energía es, por tanto, necesaria para poner algo en movimiento, para acelerar, para elevar, para calentar o iluminar. Sin una alimentación energética la vida no es posible; sin energía un automóvil no funciona y la calefacción permanece fría.

La energía no se puede crear ni destruirse, pero puede obtenerse de fuentes de energía naturales como el carbón, el gas natural, el uranio y transformarse en formas de energía útiles como el calor y la luz.

LA PALABRA "ENERGÍA" proviene del término griego antiguo *energeia* que significa la posibilidad de hacer algo o de convertirse en algo. Por ejemplo, en un bloque de piedra hay energía para poder convertirse en una estatua; en un niño que escribe buenas redacciones, energía para llegar a ser un escritor. Se comprende entonces, por qué los primeros físicos modernos utilizaban el término energía para referirse a esa capacidad de realizar un trabajo.

Hay distintas formas de energía: las pilas dan energía eléctrica, los volcanes energía calorífica, y los automóviles tienen energía cinética.

= 1 julio (un aleteo)

=1000 julios (una cerilla /fósforo ardiendo)

=300 megajulios por hora (el motor de un automóvil)

CONVERSIÓN DE UNIDADES DE ENERGÍA.

1000 J = 1 kilojulio = 1 kJ

1 millón de J = megajulio = 1 MJ

Mil millones de J = 1 gigajulio = 1 GJ

1 julio = 1 vatio·segundo (W·s)

1 kilovatio por hora (kWh)= 1 x 1000 x 60 x 60 Ws = 3 600 000 J = 3600 kJ

1 tonelada equivalente de carbón (T.E.C.) =8141 kWh

1 caloría (cal) = 4,18 Ws

1 kilocaloría (kcal) = 1000 calorías

ENERGÍA POTENCIAL

Es la que tiene un cuerpo como consecuencia de su posición. Por ejemplo, el péndulo de un reloj tiene en el punto más alto de su trayectoria una energía potencial que le hace posible volver a oscilar. Energía potencial es la que tiene una teja que puede caer o el agua de un embalse. Energía cinética o de movimiento es la que posee un cuerpo como consecuencia de su movimiento. El punto más bajo que alcanza un péndulo tiene por tanto energía cinética que le permite volver a alcanzar el punto más alto. En el péndulo, por tanto, la energía cinética se transforma en energía potencial y viceversa.

Hay distintas formas de energía. Un automóvil en movimiento tiene energía cinética; en una goma estirada hay energía potencial elástica; en unas pilas se almacena energía eléctrica; los rayos solares transportan energía luminosa; del gasóleo se obtiene energía calorífica; en el uranio hay energía nuclear.

¿Cómo se mide la energía?

Las longitudes se pueden medir en metros o centímetros, los tiempos en segundos o años. Para las cantidades de energía también hay unidades de medida. La más conocida y utilizada es el kilovatio por hora (kWh). Por ejemplo, el consumo de electricidad de cada casa viene dado en kilovatios hora. Otras unidades de energía son el julio (J), el vatio-segundo (W·s) y la tonelada equivalente de carbón (T.E.C.). Una tonelada equivalente de carbón es aquella energía que se puede obtener de una tonelada de carbón. Las personas que se preocupan por mantener la línea conocen con seguridad la caloría (cal). Esta unidad ya no está oficialmente permitida, pero tardará en desaparecer de nuestro vocabulario.

CONSUMO

Una estufa de 2 kW =
2 kWh por hora

1 vatio (W) =
1 julio por segundo = 1 J/s

**LA PRODUCCIÓN DE
ENERGÍA POR UNIDAD DE
TIEMPO DA COMO
RESULTADO LA POTENCIA.**

PRODUCCIÓN DE ENERGÍA

Una central nuclear de
1000 MW = 1000 MWh por
hora

1000 W = 1 kW

1 000 000 W = 1000 kW

= 1 megavatio = 1 MW

¿Cómo se mide la potencia?

Por potencia de una central nuclear se entiende la energía que produce por unidad de tiempo, es decir, por segundo o por hora. La información acerca de la potencia en los aparatos eléctricos indica la energía que estos consumen por hora.

La unidad de potencia más importante es el kilovatio (kW). Una estufa de 2 kW consume por hora 2 kWh de energía eléctrica. Una central nuclear con una potencia de 1 000 000 kW produce por hora 1 000 000 kWh.

Con frecuencia se confunde la corriente eléctrica con la energía eléctrica. Se habla de "consumo de electricidad" cuando en realidad nos referimos al consumo de energía eléctrica. Cuando en este libro a veces se habla de electricidad como forma de energía, es un uso general del idioma.

¿Qué se entiende por energía primaria?

Fuentes energéticas primarias son materias primas en su forma natural antes de sufrir cualquier tipo de transformación; por ejemplo, carbón, petróleo, gas natural, y mineral de uranio. En el lenguaje común, estas sustancias se llaman energías primarias. También la radiación solar y el viento se denominan energías primarias.

Las energías secundarias son las "energías refinadas" como la electricidad, la gasolina o el gasóleo de calefacción, que se obtienen a través de la transformación de las fuentes de energía primarias. Naturalmente ni la electricidad, ni la gasolina son fuentes de energía, pero con ellas solamente se puede obtener energía.

LA ALIMENTACIÓN SUMINISTRA ENERGÍA

Con la ayuda de la clorofila presente en sus hojas verdes, las plantas utilizan la energía de los rayos del sol, para mantenerse con vida y crecer. Las personas, en cambio, tenemos que darle a nuestro cuerpo energía química en forma de alimentos. Cuando respiramos "quemamos" esos alimentos. Con la energía que surge en este proceso, podemos mover los músculos y mantener nuestro metabolismo en marcha. Al igual que sucede en un motor, nuestra "combustión" produce calor, que nuestro cuerpo necesita para vivir.

Extracción de petróleo en Siberia con una bomba de cabeza de mula.

¿Cómo se produce la energía?

Central termoeléctrica por combustión de lignito en Sajonia

Para suplir nuestra necesidad de energía contamos con tres grandes grupos de fuentes de energía.

COMBUSTIBLES FÓSILES

Los combustibles fósiles como el carbón, el petróleo y el gas natural son restos de plantas y animales que poblaron la Tierra hace millones de años. Al convertirlos en energía mediante su combustión se pierden. A partir de estos combustibles fósiles se pueden producir muchas cosas importantes como medicamentos, materias plásticas y colores, por eso es una pena quemarlos, tanto más si tenemos en cuenta la contaminación que supone para el medio ambiente.

COMBUSTIBLES NUCLEARES

Mediante la fisión del núcleo de los combustibles nucleares como el uranio y el plutonio se puede liberar una inmensa cantidad de energía. De un kilogramo de carbón se puede obtener 8 kWh; sin embargo, de un kilogramo de uranio de la clase U-235 se puede conseguir 23 000 000 kWh de energía calorífica. Puesto que los combustibles nucleares, al contrario que el petróleo, carecen casi totalmente de valor para la producción de otros materiales, se les puede usar de forma exclusiva para la producción de energía.

Albergan, sin embargo, grandes peligros si se cometen errores en su manipulación o si tiene lugar una catástrofe natural. Las barras de combustible nuclear usadas de las centrales nucleares contienen productos de fisión que liberan radiaciones peligrosas. Si se usan bombas atómicas se destruiría toda vida humana sobre la Tierra.

ENERGÍAS RENOVABLES

Las fuentes de energía renovables como el Sol, el viento, la fuerza hidráulica o las mareas se renuevan por sí mismas sin nuestra intervención. Su utilización casi no contamina el medio ambiente. Desempeñan un papel cada vez mayor en la producción de energía y serán muy importantes en el futuro.

Los llamados colectores solares cilindro parabólicos concentran los rayos del sol en delgados tubos de absorción. Están rellenos de un aceite sintético termorresistente.
El aceite calentado hasta 400 °C convierte el agua en vapor, el cual propulsa un generador que produce electricidad.

Los aerogeneradores que ya se fabrican en serie son cada vez más grandes, como este con un diámetro de rotor de 66 m y una potencia de 1,8 megavatios.

Producción de electricidad mediante fuerza hidráulica. La central hidroeléctrica Hohenwarte II en Turingia produce con sus turbinas 320 megavatios de energía eléctrica.

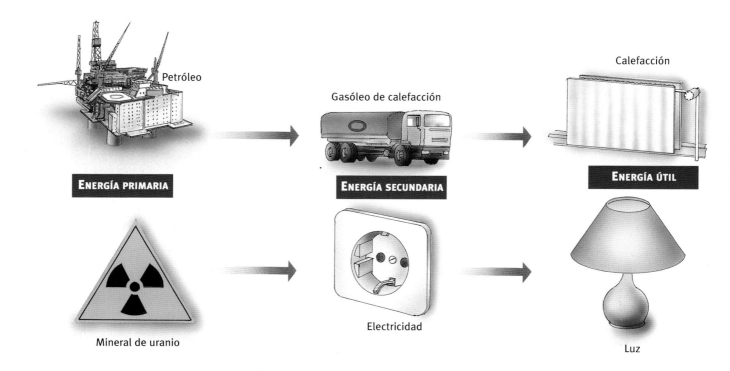

Petróleo

ENERGÍA PRIMARIA

Gasóleo de calefacción

ENERGÍA SECUNDARIA

Calefacción

ENERGÍA ÚTIL

Mineral de uranio

Electricidad

Luz

Aquella energía que llega al usuario se denomina energía final. Por lo general es energía secundaria como electricidad, gasóleo de calefacción, pero a veces también energía primaria como leña, energía solar o gas natural.

Lamentablemente, de la energía final se puede utilizar solamente una parte más o menos grande (= **energía útil**). Ejemplos de ello son las bombillas y los motores: una gran parte de la energía eléctrica final se pierde en forma de calor.

¿Quién consume la mayor cantidad de energía?

El consumo de energía mundial en el 2010 ascendió a unos 17 000 millones de toneladas T.E.C. Esta energía está repartida desigualmente. Estados Unidos, China, Japón y Europa consumen mucha energía. En Alemania el consumo descendió ligeramente en 2009, pero en 2010 volvió a subir. En cambio, muchos países pobres apenas consumen nada.

Se puede expresar de otra manera: un ciudadano de Estados Unidos consume al año alrededor de 105 000 kWh y un nigeriano solo 1750 kWh.

La mayor parte de la energía final termina en hogares privados. Muchos de los objetos que nos rodean,

Mediante este ejemplo se puede diferenciar bien la importancia de las energías primarias, secundarias y la energía útil.

ELECTRONVOLTIO (eV) es una minúscula unidad de energía que se emplea en la física nuclear. Cuando un electrón recorre una diferencia potencial de un voltio en el vacío, adquiere un electronvoltio de energía.

COMBUSTIÓN

Cuando quemamos carbón, los átomos de carbono se unen a los átomos de oxígeno. En este proceso se libera energía, que se puede usar, por ejemplo, para calentar. Sin la participación del oxígeno no es posible la combustión. De la unión del carbono y del oxígeno surge principalmente el dióxido de carbono. Si este gas llega a la atmósfera en grandes cantidades, esta puede calentarse a través del llamado efecto invernadero.

En cambio, si se quema hidrógeno se unen las moléculas de hidrógeno a las de oxígeno formándose agua compatible con el medio ambiente y produciéndose una gran liberación de energía.

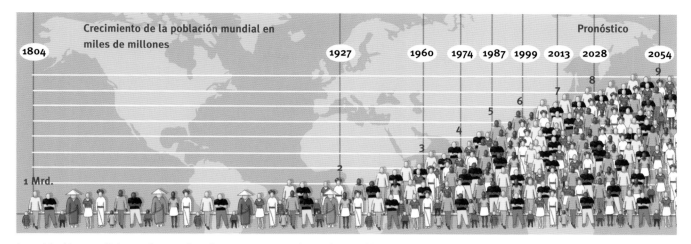

Crecimiento de la población mundial en miles de millones

1804   1927   1960   1974   1987   1999   2013   2028   Pronóstico   2054

1 Mrd.

La población mundial experimentará un fuerte aumento en las próximas décadas.

CONSUMO DE ELECTRICIDAD

Hoy día, las personas consumen en todo el mundo unos 22 000 000 000 000 kWh = 22 billones kWh de energía eléctrica al año. Con esto se podrían tener encendidas las veinticuatro horas del día aproximadamente 230 000 millones de bombillas de bajo consumo. En el año 2008 se produjo un 43 % de la electricidad a partir de carbón, 13 % de gas natural, 23 % de energía nuclear, 6 % de otras fuentes como petróleo y aproximadamente un 15 % mediante energías renovables. En 2009 esta cifra ascendió al 16 %.

el fogón de la cocina, la aspiradora, pero también nuestros automóviles tienen un hambre casi insaciable de energía. El segundo lugar lo ocupa la industria. Pequeñas explotaciones como granjas, empresas artesanales, consultorios médicos consumen aún menos. En último lugar encontramos el transporte público, con sus trenes, autobuses y barcos.

¿De qué fuentes de energía provienen realmente las inmensas cantidades de energía que se consumen en todo el mundo? Podemos basarnos en las siguientes cifras: 35 % del petróleo, 23 % del carbón, 22 % de gas natural, 6 % de la energía nuclear y 14 % de las energías renovables. (Situación 2010).

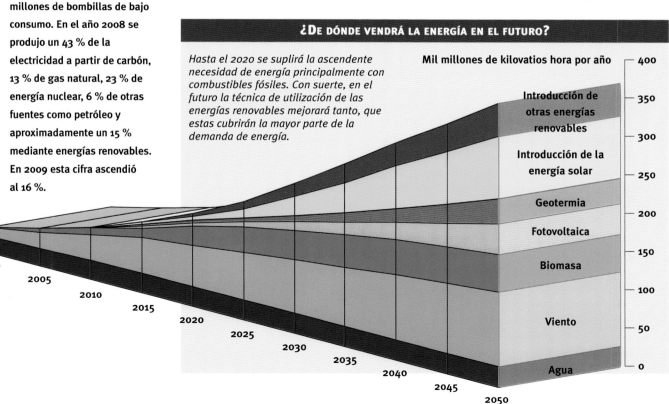

¿DE DÓNDE VENDRÁ LA ENERGÍA EN EL FUTURO?

Hasta el 2020 se suplirá la ascendente necesidad de energía principalmente con combustibles fósiles. Con suerte, en el futuro la técnica de utilización de las energías renovables mejorará tanto, que estas cubrirán la mayor parte de la demanda de energía.

Mil millones de kilovatios hora por año

Introducción de otras energías renovables

Introducción de la energía solar

Geotermia

Fotovoltaica

Biomasa

Viento

Agua

2005   2010   2015   2020   2025   2030   2035   2040   2045   2050

400 — 350 — 300 — 250 — 200 — 150 — 100 — 50 — 0

La demanda mundial de energía actual asciende a 17 000 millones de T.E.C. y con seguridad aumentará en el futuro. Hoy habitan la Tierra unos 7000 millones de personas, en el año 2030 serán entre 8000 millones y 9000 millones. Los expertos estiman que la demanda mundial de energía aumentará de un 50 % a un 60 % hasta el año 2020. En la actualidad, las necesidades energéticas se suplen casi en su totalidad con combustibles fósiles y energía nuclear. Sin embargo, al ritmo del uso actual, estas fuentes energéticas se agotarán rápidamente. El petróleo y el gas natural durarán algunas décadas, el carbón y el uranio lo harán unos cuantos siglos.

No solo por este motivo, sino también porque esta explotación de la energía contamina cada vez más el medio ambiente, deberíamos economizar la energía. Se trata no solo de explotar las fuentes de energía ecológicas, sino de desarrollar a tiempo la técnica para su utilización. De no ser así podríamos "quedarnos a oscuras".

> **¿Cuándo se agotarán las fuentes de energía de la Tierra?**

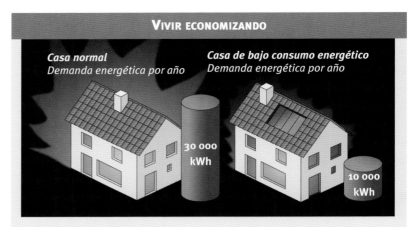

VIVIR ECONOMIZANDO

Casa normal
Demanda energética por año

Casa de bajo consumo energético
Demanda energética por año

30 000 kWh

10 000 kWh

Una casa unifamiliar común de 120 m² de superficie necesita para calefacción y agua caliente alrededor de 30 000 kWh. Una casa de bajo consumo energético con un buen aislamiento térmico tiene suficiente con 10 000 kWh. Con una casa de estas características se puede ahorrar gasóleo de calefacción o carbón al mismo tiempo y se cuida el medio ambiente. Si se produce el agua caliente mediante la energía solar, el consumo de energía fósil se reduce todavía más.

Aunque en algún momento se hayan gastado los combustibles fósiles, los humanos tendrán a su disposición en el futuro cantidades suficientes de energía. El Sol, que desde hace 3800 mil millones de años hace posible la vida en nuestro planeta, no nos dejará en la estacada.

> **¿Se apagarán las luces dentro de cien años?**

PARA CALEFACCIÓN Y AGUA CALIENTE es decir, para la producción de calor por debajo de 100 °C, se utiliza en Alemania casi el 40 % de la energía que se consume en el país. De gran parte de esta tarea podría hacerse cargo la energía solar.

UNA IDEA "AHORRATIVA"

En muchos casos, las bombillas normales pueden sustituirse por bombillas de bajo consumo.

MOVERSE PROTEGE EL MEDIO AMBIENTE

En lugar de ir con el automóvil a la panadería o a correos es preferible hacerlo caminando.

PAN

EL "NEGAVATIO" es el nombre que en ocasiones se le da a la energía eléctrica no consumida, es decir, ahorrada. Si se reemplaza una bombilla de 40 W por una de 7 W, que dé la misma luminosidad, se ahorran 33 W. Los negavatios se producen con aparatos de bajo consumo y con un manejo consciente de la energía.

CONSUMO DE ENERGÍAS PRIMARIAS

En Alemania descendió el consumo de energía primaria en el 2009, pero ascendió de nuevo en el 2010, ya que tuvo lugar un auge económico. No obstante, en general, la subida es moderada y se cuenta con que vuelva a descender. Esto se debe a que las energías primarias se aprovechan menos, a que muchos edificios están bien aislados y los aparatos consumen menos electricidad. Además, las personas se han vuelto más ahorradoras.

Año tras año, el Sol nos suministra alrededor de 7000 veces el consumo energético actual. Incluso en la lluviosa Alemania brilla por cada metro cuadrado una cantidad de energía solar equivalente a 100 litros de gasóleo de calefacción. En total, Europa central recibe 80 veces más energía de la que puede consumir. Hay, por tanto, grandes posibilidades en el aprovechamiento de la energía solar. Por el momento faltan los medios técnicos para aprovechar esa energía completamente.

La energía eólica, proveniente del Sol, podría en el futuro asumir la producción de corriente de muchas centrales energéticas convencionales.

La energía solar también puede utilizarse para producir gas de hidrógeno a partir del agua, que un día sustituirá al gas natural y quizás a la gasolina. Sin embargo, el hidrógeno ofrece otra gran posibilidad de producir energía. A través de la llamada fusión nuclear, una forma de producir energía nuclear, podrían

700 km

700 km

Si se cubriese una superficie de 700 x 700 kilómetros con celdas solares en el Sahara, en un año podría acumularse tanta energía como la que se consume anualmente en todo el mundo, a pesar de que las celdas solares comunes tienen una eficiencia de entre un 10 % y un 15 % ; es decir, más o menos una décima parte de la energía solar irradiada se puede transformar en corriente eléctrica.

construirse nuevos tipos de centrales energéticas.

Dentro de 100 o de 1000 años los humanos dispondrán de muchas fuentes de energía, incluso más ecológicas que las actuales.

Solo hay que explotarlas y desarrollarlas lo más rápido posible, de manera que antes de poder utilizarlas no se produzca un colapso mundial del abastecimiento de energía y se llegue a la destrucción del medio ambiente.

AHORRAR GASOLINA VIAJANDO EN GRUPO

Si un grupo de personas se pone de acuerdo para ir al trabajo en un solo vehículo, se economiza gasolina.

TRES LITROS Y A LA CABEZA

Un vehículo puede recorrer 100 km usando 3 litros de gasolina; hoy, todavía muchos automóviles consumen 10 o más litros.

Energías fósiles: una era toca a su fin

Excavadoras se abren paso a través de la mina de carbón más grande de Estados Unidos (Gillette, Wyoming).

El petróleo, el gas natural y el

¿De dónde provienen el carbón, el petróleo y el gas natural?

carbón son combustibles fósiles. Como se sabe, los fósiles son los restos de criaturas de tiempos remotos y precisamente de ellos han surgido el petróleo y el carbón.

Aunque todavía hay enormes cantidades, las reservas son limitadas. La era del petróleo, a la que le debemos el bienestar del siglo XX, llegará a su fin irremediablemente.

FORMACIÓN DE CARBÓN

El carbón se formó a partir de los restos de plantas muertas, que en la historia de la Tierra una y otra vez formaron enormes turberas (1). Estas se cubrieron de barro y légamo y se solidificaron. Hace 40-50 millones de años, los restos de plantas muertas se convirtieron en lignito (2). Hace 250-280 millones de años, de forma parecida se formó una roca negra quebradiza, la hulla, la cual se encuentra a menudo en varias capas superpuestas, llamadas filones (3).

El lignito tiene un valor más limitado como combustible que la hulla y produce mucho hollín en su combustión.

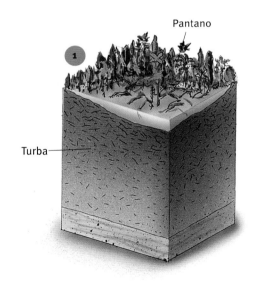

Pantano

Turba

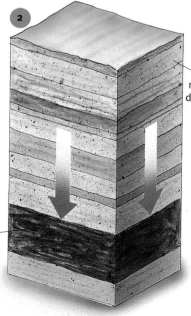

Lignito

Aumento de la temperatura y la presión

nuevas capas de sedimentos

Hulla

Aumento de la temperatura y la presión

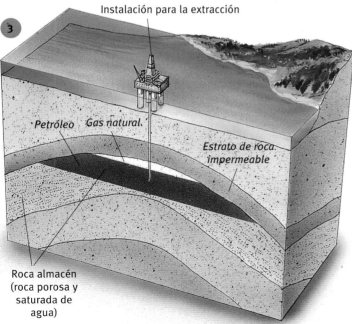

1

Fondo marino

Arrecife

Océano

Animales muertos
y restos de plantas sin
descomponer

2

Mar

Sedimentos
posteriores

Surgimiento de
petróleo y gas
natural

3

Instalación para la extracción

Petróleo   Gas natural

Estrato de roca
impermeable

Roca almacén
(roca porosa y
saturada de
agua)

*Durante la
extracción petrolera
se queman
pequeñas
cantidades de gas
que contiene el
petróleo.*

FORMACIÓN DEL PETRÓLEO Y DEL GAS NATURAL

En la historia de la Tierra ha habido siempre fondos marinos que se separaban parcial o totalmente debido a los arrecifes o elevaciones del océano.

En estas tranquilas cuencas se desarrolla una gran variedad de seres vivos. Los animales y las plantas muertos como los cangrejos y las algas se hunden en el suelo. De esta manera se concentran en el fondo marino enormes cantidades de material orgánico que no pueden descomponerse, pues las aguas profundas no contienen oxígeno (1). Con el paso del tiempo, este material orgánico se cubrió de arena y barro (2).

La gran presión de esas capas hace que con el paso del tiempo y la ayuda de las bacterias el material orgánico se convierta, mediante una transformación química, en petróleo y gas natural. A través de los pliegues de la corteza terrestre se han abierto las capas de roca subterráneas una y otra vez.

Así, el petróleo y el gas natural pueden emigrar a capas porosas situadas a un nivel superior, que reciben el nombre de "rocas almacén" (3).

En el caso ideal el gas natural se acumula en la parte más alta de estos yacimientos, mientras el petróleo se almacena debajo. Desde hace más de un siglo se perfora en busca de petróleo. La mayoría del petróleo obtenido proviene de estas rocas almacén. Se extrae a través de las capas perforadas mediante presión de gas o bombeándolo hacia fuera.

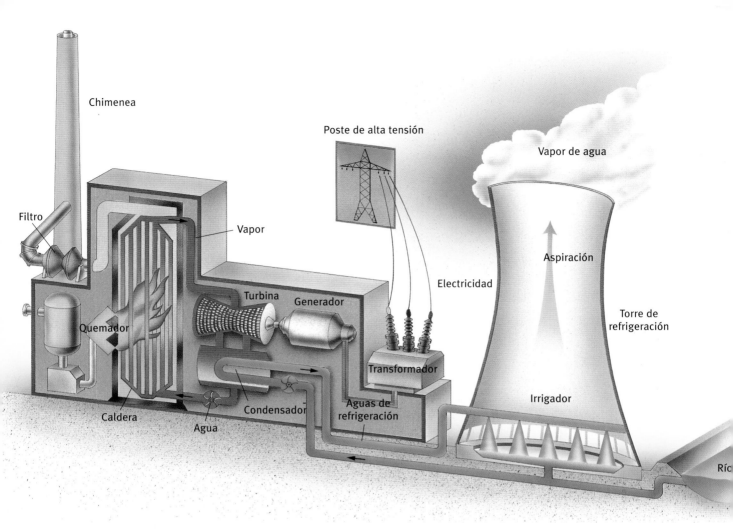

Chimenea

Poste de alta tensión

Vapor de agua

Filtro

Vapor

Aspiración

Electricidad

Turbina Generador

Torre de refrigeración

Quemador

Transformador

Caldera

Condensador

Aguas de refrigeración

Irrigador

Agua

Río

> ### ¿Cómo funciona una central nuclear?

Las centrales nucleares tienen la misión de producir corriente eléctrica. Por lo general, primero se produce calor mediante combustión, y una parte de este calor puede transformarse en energía eléctrica.

En una central nuclear con fuego fósil se queman, en una enorme caldera de unos 100 metros de alto, vapor, aceite, polvo de carbón o gas. El calor que se produce calienta el agua y hace que se evapore. Este vapor, que tiene una gran presión y una temperatura de unos 530 °C, es conducido a una turbina. Esta tiene un eje muy largo con multitud de palas, a las que empuja el vapor con

gran fuerza. La rueda de paletas comienza a girar, como un molino de viento cuyas aspas hace mover el viento.

La turbina rota hasta 3000 veces por minuto y pone en marcha un generador de cientos de toneladas de peso, que produce corriente de la misma forma que lo hace el dínamo de una bicicleta. En una central térmica carbonera, esta cantidad equivale a 600 millones de vatios o 600 megavatios. La energía eléctrica llega a la red pública a través de transformadores e interruptores.

Una vez que el vapor entrega su energía a la turbina está frío y sin presión. Para utilizarlo de nuevo hay que volver a convertirlo en agua. Esto sucede en el condensador. Allí el vapor entra en contacto con unos

VOLTIO Y AMPERIO

En una corriente de agua o un río fluyen moléculas de agua. En la corriente eléctrica fluyen los electrones, a través de un conductor eléctrico, por ejemplo, un alambre. La unidad de medida de la corriente eléctrica es el amperio (A). La tensión eléctrica, en cambio, es una especie de presión con la que los electrones son empujados a través del alambre; se mide en voltios (V). Por ejemplo, una pila AA tiene una tensión de 1,5 voltios, y la batería de un auto 12. La tensión de los toma corrientes según el país varía de 110 a 230 voltios.

1 kg de lignito = 2,5 kWh carbono/hidrógeno = 1,11

1 kg de hulla = 8,2 kWh carbono/hidrógeno = 1,42

1 kg gasóleo de calefacción = 12 kWh carbono/hidrógeno = 0,45

1 kg gas natural = 12 kWh carbono/hidrógeno = 0,25

Para el medio ambiente es importante el poder calorífico de los combustibles fósiles y la relación entre sus átomos de carbono y de hidrógeno. Cuanto más carbono contengan, más dióxido de carbono se produce durante su combustión. Ya que este gas es una amenaza para el medio ambiente por el efecto invernadero es mejor utilizar combustibles pobres en carbono.

A menudo se elogia el gas natural como energía ecológica por su escasa emisión de dióxido de carbono. Mucho más ecológico para el medio ambiente sería la combustión de hidrógeno puro, que en el futuro quizás desempeñe un papel importante.

tubos refrigerados por agua y se condensa transformándose en agua, que vuelve a bombearse a la caldera.

El agua de refrigeración en los tubos se calienta de 25 a 35 °C. Para volver a enfriarla se lleva a una torre de refrigeración y allí se distribuye uniformemente mediante irrigación. Las pequeñas gotas caen y así se enfrían. Esta agua enfriada se acumula y se vuelve a bombear al condensador. Al transformarse el agua en lluvia, se calienta el aire de la torre de refrigeración y, como en una chimenea, se produce una fuerte aspiración hacia arriba.

Una parte de las pequeñas gotas se evapora, y el aire ascendente se las lleva a la parte superior de la torre de refrigeración donde se forman grandes nubes. La pérdida de agua por evaporación se suele reemplazar con agua de un río.

En los mejores casos se puede renunciar a las torres de refrigeración y usar directamente el agua de río o mar como refrigerante.

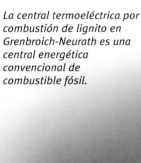

La central termoeléctrica por combustión de lignito en Grenbroich-Neurath es una central energética convencional de combustible fósil.

15

DEPENDE DEL GRADO DE EFICIENCIA

1. Una central térmica carbonera común tiene un grado de eficiencia de 36-40 %. Esto significa que solamente un 36-40 % de la energía liberada se transforma en corriente (energía eléctrica). Esto resulta poco satisfactorio.

Se puede mejorar el grado de eficiencia con las llamadas centrales de ciclo combinado. En estas centrales se convierte el carbón con vapor de agua y oxígeno en una mezcla de gases antes de la combustión. Los gases calientes de la combustión impulsan una turbina de gas; sin embargo, al igual que una central energética común producen vapor de agua, que pone en movimiento una turbina de vapor.

Una central de ciclo combinado tiene dos sistemas de turbinas y con un 49-58 %, un grado de eficiencia mayor que una central térmica carbonera. La gasificación del carbón tiene también una ventaja para el medio ambiente. El azufre que contiene se puede separar fácilmente antes de la combustión.

Un grado de eficiencia de 50 % también resulta insatisfactorio, si se tiene en cuenta que la mitad de la energía fósil que se produce durante la combustión se pierde en forma de calor residual y además esto contamina el medio ambiente con dióxido de carbono. En Alemania, solo la producción de electricidad es responsable de más de un tercio de las emisiones de dióxido de carbono.

Debido al limitado grado de eficiencia y al propio consumo de electricidad de la

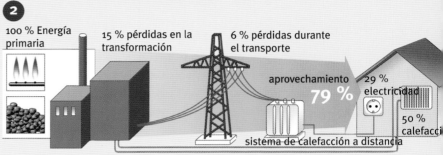

1 100 % Energía primaria — 62 % pérdidas en la transformación — 2 % pérdidas durante el transporte — electricidad 36 % — aprovechamiento **36 %** — calefacció

Central térmica convencional

2 100 % Energía primaria — 15 % pérdidas en la transformación — 6 % pérdidas durante el transporte — aprovechamiento **79 %** — 29 % electricidad — 50 % calefacci — sistema de calefacción a distancia

Gran central térmica de cogeneración

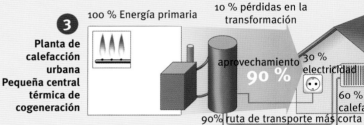

3 100 % Energía primaria — 10 % pérdidas en la transformación — aprovechamiento **90 %** — 30 % electricidad — 60 % calefacci — 90% ruta de transporte más corta

Planta de calefacción urbana
Pequeña central térmica de cogeneración

central energética, así como a la pérdida producida durante el transporte en la red eléctrica, la mayoría de las veces la energía primaria llega menos de la mitad a los enchufes de los consumidores. Se puede mejorar el grado de eficiencia, si se emplea la técnica de la cogeneración (2 y 3). En este proceso de producción de electricidad no se pierde el calor residual, sino que se utiliza para la calefacción.

Esto es posible solo cuando la producción de electricidad se lleva a cabo en la proximidad de los clientes y en centrales energéticas relativamente pequeñas.

En Alemania, solo el 10 % de la electricidad se produce mediante cogeneración; en Dinamarca y Finlandia ya se produce el 40 %.

Interruptor y dispositivo de vigilancia

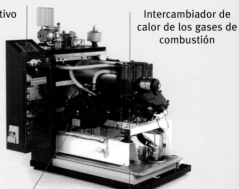

Intercambiador de calor de los gases de combustión

Este es el aspecto de una pequeña planta de calefacción urbana en el sótano de una casa para una o dos familias. Un motor impulsa un generador que produce electricidad. El calor residual del motor calienta el agua de uso doméstico y la casa.

Generador refrigerado por agua

Motor horizontal de cuatro tiempos monocilíndrico

Destrucción del paisaje debido a una explotación minera a cielo abierto de lignito en Langreo, España

LA ARENA PETROLÍFERA es una mezcla de petróleo y arena. Se encuentra en grandes cantidades en el norte de Canadá y allí se explota. De 14 toneladas se puede obtener una tonelada de petróleo. Por desgracia, el proceso es perjudicial para el medio ambiente. Se talan bosques y el humus y los terrenos pantanosos se apisonan. La arena petrolífera se excava hasta 30 metros de profundidad. El agua que se utiliza para la obtención del petróleo se ensucia y contamina el medio ambiente. El consumo de energía es elevado. Se emiten gases de efecto invernadero. También abunda en Madagascar y Venezuela.

Las fugas en oleoductos (tuberías de petróleo) causan, como en Siberia, enormes catástrofes ecológicas.

¿Contaminan el petróleo y el carbón el medio ambiente?

La explotación a cielo abierto del lignito y de la hulla en las minas produce daños para el medio ambiente, como la destrucción del paisaje, el descenso de la capa freática, emisión de polvo y el desgaste de las minas. Estos daños se producen cuando la tierra baja de nivel sobre cavidades de la mina o inclu-

so se hunde y daña edificios o calles. La extracción y el transporte del petróleo causan enormes daños en el medio ambiente. Oleoductos defectuosos dejan escapar enormes cantidades de petróleo, y cuando un petrolero tiene un accidente derrama el petróleo, contamina regiones costeras y envenena miles de plantas y animales.

Los mayores daños para el medio ambiente provienen de la combustión de combustibles fósiles en centrales energéticas, calefacciones y motores. Estos contaminantes liberados perjudican enormes áreas boscosas, y el polvo y el hollín dañan el medio ambiente. Los automóviles contaminan con el ruido y la emisión de gases venenosos como el dióxido de carbono, dióxido de azufre y el óxido de nitrógeno. Aunque en Europa muchas de estas sustancias se vuelven inocuas mediante, por ejemplo, catalizadores la contaminación ambiental aumenta en todo el mundo.

El mayor peligro derivado de la combustión de sustancias fósiles es

Voluntarios intentan salvar un pequeño gaviforme liberándolo de la capa de petróleo durante la marea negra en el golfo Pérsico, en 1991.

COMERCIO DE LOS DERECHOS DE EMISIÓN

Si una empresa emite dióxido de carbono a la atmósfera necesita un permiso. Este "derecho de emisión" lo otorga el Estado en forma de certificados. La Unión Europea reduce, sin embargo, el número de certificados para proteger el medio ambiente. Si una empresa quiere emitir más dióxido de carbono de lo que le permite el certificado, puede comprar sus derechos de emisión a otras empresas que tienen más de lo que necesitan. Así surge un comercio de los derechos de emisión.

el agravamiento del efecto invernadero y del calentamiento de la Tierra. ¿Qué significa esto?

De la energía solar que llega a la Tierra, alrededor de un tercio es lanzada inmediatamente de vuelta al espacio a través de las nubes, del aire y del suelo. Un experto diría que se refleja. Si los otros dos tercios que absorben el vapor de agua, las nubes y el suelo a través de la radiación térmica también fuesen lanzados al espacio, la temperatura de la superficie terrestre estaría por debajo de los 18 °C. El calor emitido por la superficie terrestre queda en gran parte atrapado en nuestra atmósfera debido al efecto invernadero y se mantiene en la Tierra. Como en un invernadero, esos gases hacen que nuestro planeta se caliente a una temperatura media de 15 °C. Sin ese efecto invernadero natural la vida en nuestro planeta sería inimaginable.

Gases importantes del efecto invernadero son el vapor de agua, el metano y el dióxido de carbono. Este último se produce en grandes cantidades durante la combustión de carbón, petróleo y el gas natural.

El efecto invernadero aumenta y calienta nuestro planeta lentamente. Las mediciones demuestran que este proceso ya ha comenzado.

Marea negra en el golfo de México después del hundimiento de la instalación petrolífera de Deepwater Horizon, en 2010

EL HIDRATO DE METANO
también sería una fuente de
energía para el futuro. En el
suelo de los océanos hay
innumerables "nódulos de
metano" de agua helada y
metano. ¡Estos contienen más
carbono que todo el petróleo,
el gas natural y las existencias
de carbón de la Tierra! Su
aprovechamiento no es
todavía rentable. Pero
tampoco es deseable porque
se trata de una fuente de
energía fósil con las
consiguientes desventajas.

*Un efecto asombroso: el
hidrato de metano helado arde
con una llama roja.*

Sol

La radiación térmica
restante va al espacio

Los gases de efecto
invernadero absorben una
parte de la radiación térmica

Tierra

| Ultravioleta | Luz visible | Infrarrojo | Radiación térmica |

*Así funciona el efecto invernadero: el Sol ilumina la Tierra. Esta devuelve energía en forma
de radiación térmica al espacio. Los gases de efecto invernadero existentes en la atmósfera
absorben una parte de esa radiación térmica y provocan un calentamiento de la atmósfera.
El humano altera este equilibrio al emitir más gases de efecto invernadero en la atmósfera,
pues estos pueden almacenar el calor acumulado.*

Y los glaciares y el hielo de los
polos se derriten. Un calentamiento
mayor de la Tierra podría tener con-
secuencias devastadoras. No solo están amenazados los ecosistemas de
las regiones polares y montañosas,
sino también el nivel del mar que
subiría y zonas de costa altamente
pobladas se inundarían y serían in-
habitables. Además hay que contar
con la pérdida de valiosos terrenos
de cultivo, periodos de sequía y terribles tormentas. Sin embargo, la
peor bomba de tiempo se esconde
en las profundidades del mar. Allí se
almacenan ingentes cantidades de
hidratos de metano. Si se diera un
calentamiento del agua del mar, es-
tás podrían desintegrarse en parte y
liberar el metano, gas de efecto invernadero 30 veces más efectivo que
el dióxido de carbono. Grandes cantidades de metano acelerarían el calentamiento de la Tierra.

Energía nuclear

En la naturaleza hay distintas sustancias quími-

¿De qué se compone un átomo?

cas que conforman todas las cosas, incluso los seres vivos. Esos elementos son el hidrógeno, el carbono, el oxígeno y el hierro. La partícula de hierro más pequeña se llama átomo de hierro, la partícula más pequeña de hidrógeno, átomo de hidrógeno.

Antes se pensaba que el átomo era indivisible (del griego *atomos*, "indivisible"). Pero esto no es cierto. Se puede, por ejemplo, dividir un átomo de hidrógeno y entonces sus componentes ya no son hidró-geno. Esto mismo sucede con todas

las sustancias químicas o elementos.

El agua no es un elemento quími-co. Sus partículas más pequeñas, las moléculas de agua, se componen de

Las centrales la de Biblis (suministran de la energí todo el mun corriente elé

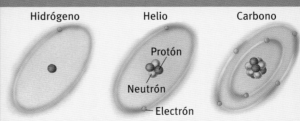

DEPENDE DE LOS PROTONES

Hidrógeno   Helio   Carbono

Protón

Neutrón

Electrón

El número de protones en el núcleo atómico determina a qué elemento pertenece ese núcleo. Los átomos de hidrógeno tienen, por ejemplo, 1 protón, los átomos de helio, 2 protones, los átomos de carbono, 6 y los de uranio, 92 protones en el núcleo.

un átomo de oxígeno y dos de hidrógeno.

Un átomo está construido de manera similar a nuestro sistema solar, en donde los planetas giran a gran distancia del Sol, que posee una gran masa. En el átomo, el núcleo, de poca masa, está en el centro. Alrededor de este giran a enorme distancia diminutas partículas muy ligeras, los electrones. El núcleo tiene carga positiva; los electrones, negativa. Como todos sabemos, las cargas positivas y negativas se atraen. Mediante la fuerza de atracción eléctrica del núcleo, los electrones permanecen sujetos a su órbita, como el Sol con su fuerza de atracción mantiene los planetas alrededor de él.

Los núcleos atómicos se componen a su vez de dos clases de pe-

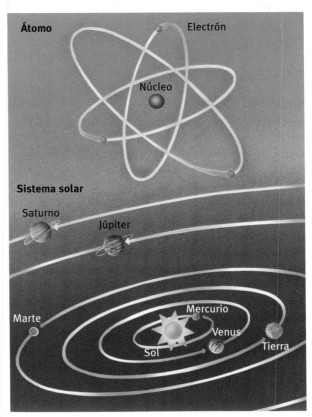

En el sistema solar los planetas giran alrededor del Sol. En el átomo, los electrones giran alrededor del núcleo atómico, que está cargado positivamente, y que atrae a los electrones, cargados negativamente.

queñas partículas, los protones y los neutrones. Ambos tienen un peso similar y cada uno alrededor de 2000 veces más masa que un electrón. El neutrón no tiene carga eléctrica; el protón, en cambio, tiene carga eléctrica positiva. Su carga es igual de grande que la carga negativa del electrón, solo que positiva, y con ello, todo el núcleo atómico es positivo. Los protones y los neutrones reciben con frecuencia el nombre de nucleones o componentes del núcleo.

En el exterior del átomo este es eléctricamente neutro. En un átomo de hidrógeno un electrón gira alrededor del núcleo, que contiene un protón. El átomo de carbono tiene 6 protones en su núcleo, y otros 6 electrones giran alrededor de este. Esto equilibra la carga positiva del núcleo hacia el exterior.

DIMINUTO Y SIN EMBARGO DIVISIBLE

Podemos imaginarnos lo pequeños que son los núcleos atómicos de la siguiente manera: una gota de agua está compuesta por 6 000 000 000 000 000 000 000 átomos. Así de pequeño es un átomo, su núcleo es todavía mucho más pequeño. ¡Solamente ocupa 1/1000 000 000 000 del espacio que corresponde al átomo entero! Sin embargo, el núcleo posee casi la totalidad de la masa del átomo, parecido al Sol, que posee casi la totalidad de la masa del sistema solar.

Si nos imaginamos el núcleo atómico como una cereza, las órbitas de los electrones serían, en esta escala, tan grandes como un estadio de fútbol.

RADIACTIVIDAD-FISIÓN NUCLEAR-REACCIÓN EN CADENA

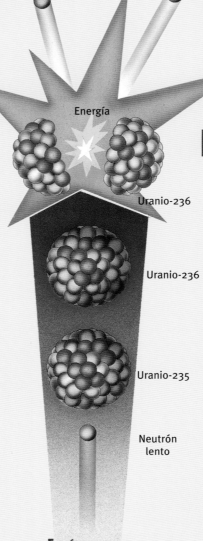

Criptón-90

Neutrón libre

Neutrón libre

Bario-144

Energía

Uranio-236

Uranio-236

Uranio-235

Neutrón lento

RADIACTIVIDAD

En realidad, un átomo de carbono debería explotar inmediatamente. En él se encuentran 6 protones positivos, y las cargas positivas se repelen. Entre los elementos nucleares actúa otra fuerza mucho más grande: la nuclear. Esta actúa solo a pequeña distancia, como los protones del núcleo. Normalmente los protones se mantienen unidos gracias a esta fuerza.

No todos los núcleos son tan estables como el núcleo del átomo de carbono. Muchos se desintegran de repente, al emitir con gran fuerza pequeñas partículas. Este fenómeno recibe el nombre de radiactividad.

RADIACTIVIDAD

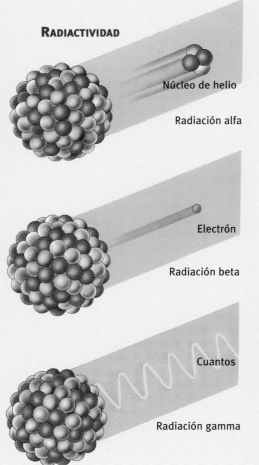

Núcleo de helio

Radiación alfa

Electrón

Radiación beta

Cuantos

Radiación gamma

FISIÓN NUCLEAR

Hay tres tipos de radiaciones: alfa, compuesta por núcleos atómicos de helio, que a su vez lo están de dos protones y dos neutrones; en la radiación beta, en cambio, se emiten electrones. La radiación gamma, por último, se compone de los llamados cuantos de energía, como los que constituyen la luz o los rayos X. Sin embargo, los rayos gamma poseen mucha más energía que la luz o los

rayos X. La radiactividad es muy peligrosa y puede provocar serias lesiones en la salud o incluso la muerte, ya que daña o destruye nuestras células.

FISIÓN NUCLEAR

Si disparamos a un núcleo atómico U-235 con un neutrón lento, este fisiona el núcleo. A la vez surge un núcleo compuesto U-236, que estalla en más fragmentos, por ejemplo, en un núcleo de bario 144, un núcleo de criptón 90 y dos nuevos neutrones. Estos fragmentos tienen una masa algo menor que el núcleo al que se ha disparado y que el proyectil lanzado. Se pierde masa, que se transforma en una gran cantidad de energía, la energía nuclear.

Ya el gran físico Albert Einstein descubrió que a partir de la masa se podían producir enormes cantidades de energía. De la fisión de un gramo de U-235 se puede obtener 23 000 kWh de energía. Con esta energía se podrían encender 230 000 bombillas durante una hora.

Es fácil de entender que hace 50 años las personas estuvieran fascinadas por las enormes posibilidades de la energía nuclear. La desilusión llegó pronto: la mayoría de los núcleos semipesados que surgen durante la fisión son, por lo general, altamente radiactivos y emiten una radiación peligrosa. Estas sustancias pueden escaparse como han mostrado los terribles accidentes de Chernóbil y Fukushima. Como consecuencia, cientos de miles de personas pueden enfermar o morir. También es un problema almacenar estas sustancias radiactivas de manera segura durante milenios.

REACCIÓN EN CADENA

Si bombardeamos un gran pedazo de uranio-235 o de plutonio con neutrones, en unas fracciones de segundo sucedería lo siguiente: un núcleo se fisiona y libera 2 neutrones. Estos fisionan otros dos núcleos de los cuales se liberan en promedio 5 nuevos neutrones. Si 4 de ellos chocan con núcleos atómicos vecinos y estos se fisionan, se forman de 8 a 12 nuevos neutrones. Estos fisionan núcleos de nuevo, lo que cada vez hace que se libere una gran cantidad de energía. Se crean aún más neutrones que a su vez chocan con núcleos y se fisionan. El número de núcleos fisionados y la energía que se produce crece en un tiempo increíblemente pequeño. Este proceso recibe el nombre de reacción en cadena.

Isótopos de hidrógeno

Los núcleos de hidrógeno están compuestos de un único protón. Sin embargo, también hay núcleos de hidrógeno, que junto al protón tienen todavía uno o dos neutrones. Las tres clases distintas de hidrógenos se llaman isótopos de hidrógeno.

Hay núcleos de uranio con 234 (repartidos en 92 protones y 142 neutrones), 235 (92 protones, 143 neutrones) y 238 (92 protones, 146 neutrones) nucleones. Se les llama U-234, U-235 y U-238.

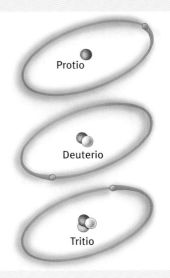
Protio

Deuterio

Tritio

De la forma como se describe aquí una reacción en cadena, de la misma manera ocurre en una bomba atómica. Para ello se necesita una masa mínima de combustible nuclear, a la que se llama "masa crítica". En el uranio-235 asciende a 23 kilogramos, lo que corresponde a una bola de 13 centímetros de diámetro. Si no se alcanza esa masa crítica, se pierden demasiados neutrones, los cuales entonces salen volando del pequeño trozo de uranio sin haber encontrado un núcleo.

Se pueden controlar reacciones en cadena permitiendo una cifra concreta de fisiones por segundo. Exactamente esto sucede en una central nuclear.

ALBERT EINSTEIN (1879-1955) fue uno de los más grandes físicos de la historia.

Descubrió que la materia puede transformarse en energía. Gracias a su descubrimiento, los astrónomos entendieron por qué el Sol brilla hace miles de millones de años. El Sol transforma, según la famosa fórmula de Einstein, $E=mc^2$, la materia en energía durante la fusión nuclear (E= energía, m= masa, c= velocidad de la luz).

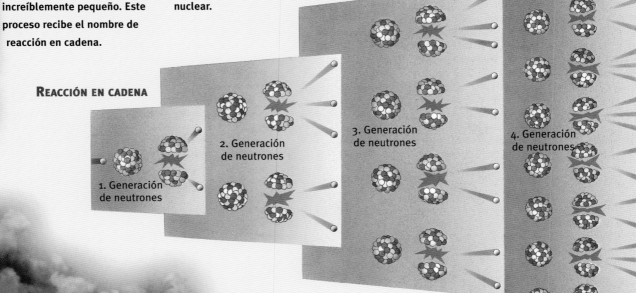

REACCIÓN EN CADENA

1. Generación de neutrones

2. Generación de neutrones

3. Generación de neutrones

4. Generación de neutrones

En una central nuclear se produce

┌─────────────┐
│ **¿Cómo**   │
│ **funciona una** │
│ **central** │
│ **nuclear?** │
└─────────────┘

energía eléctrica. En un llamado reactor de agua en ebullición dentro de la vasija de presión del reactor se utiliza la energía nuclear para hacer evaporar el agua. El vapor tiene una alta presión y acciona una turbina. Esta, a su vez, pone en movimiento un generador para la producción de corriente.

¿Qué sucede exactamente dentro de la vasija de presión del reactor? Aquí se encuentra el núcleo del reactor, a través del cual el agua evaporada fluye. Este contiene alrededor de

800 elementos combustibles, en cada uno de los cuales hay algunas decenas de barras de combustible nuclear. Son tubos de metal llenos de combustible nuclear. Este está compuesto de dióxido de uranio, una sustancia que contiene uranio-235 fisionable en forma enriquecida. El agua fluye de abajo arriba a través de esas ba-

REACTORES REPRODUCTORES RÁPIDOS

Los núcleos de uranio-238 pueden atrapar neutrones y de esta forma se convierten en núcleos de plutonio fisionables. En los reactores reproductores rápidos se utilizan los neutrones sobrantes para hacer núcleos de plutonio a partir de núcleos de uranio-238. El reactor "incuba" nuevo combustible y produce energía. Ya que el uranio-238 existe en grandes cantidades, con los reactores reproductores rápidos se puede generar mucho combustible nuclear nuevo. En países como Alemania no se seguirá desarrollando esta técnica debido a su peligrosidad.

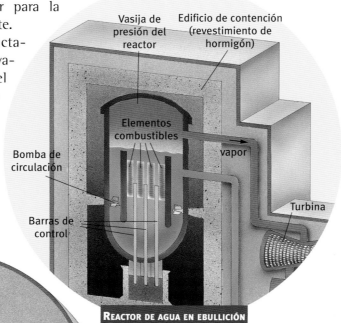

REACTOR DE AGUA EN EBULLICIÓN

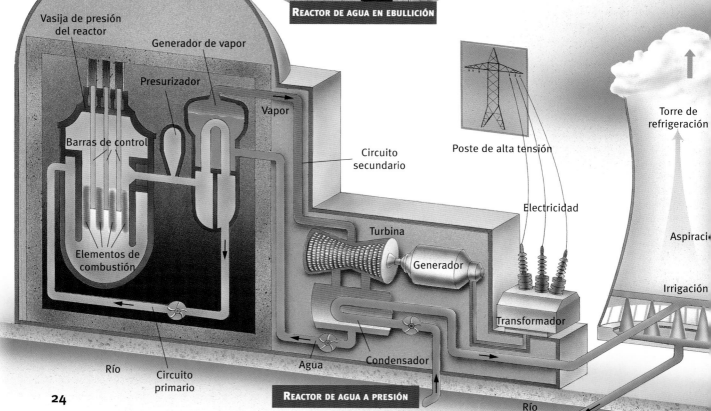

REACTOR DE AGUA A PRESIÓN

Sala de control de la central nuclear de Mühlheim-Kärlich

REACTORES DE ALTA TEMPERATURA

En estos reactores nucleares, también llamados reactores modulares de lecho de bolas, el combustible se encuentra en pequeñas partículas que, a su vez, están dentro de bolas de grafito del tamaño de pelotas de tenis. El grafito, una forma del carbono, sirve de moderador para frenar los neutrones. La energía producida en el reactor se entrega a un gas, que se calienta alrededor de 900 ° C. Este puede, por ejemplo, evaporar agua. El vapor, a su vez, acciona una turbina.

Imagen del núcleo de un reactor nuclear

rras de combustible. En ellas, a través de la fisión de núcleos de uranio se produce energía, que se entrega al agua en forma de calor, lo que hace que esta se evapore.

Sin embargo, el agua tiene todavía otra tarea. El agua sirve de moderador y frena los neutrones liberados que son demasiado rápidos, de forma que puedan volver a fisionar núcleos.

En cada fisión surgen de dos a tres nuevos neutrones. Si todos produjesen una fisión, se produciría demasiada energía. Para evitar esto, cada reactor contiene unas barras de control en el núcleo del reactor y que pueden estar a más o menos profundidad. Estas barras se componen de sustancias, por ejemplo, cadmio, el cual absorbe neutrones. Cuanto mayor es la profundidad a la que están colocadas, más cantidad de neutrones atrapan, lo que reduce el número de fisiones y por tanto la producción de energía.

Poner las barras de control a menos profundidad significaría lo contrario, que se absorbieran menos neutrones y se liberara más energía. Mediante la subida o bajada de las barras de control se puede regular muy bien la producción de energía.

En el reactor de agua a presión, el agua calentada mediante energía nuclear no alcanza el punto de ebullición, sino que permanece líquida, lo que hace posible la elevada presión. Esta agua primaria calienta a través de unos conductos en un generador de vapor el agua secundaria, cuyo vapor acciona una turbina. El agua secundaria no entra nunca en contacto con el agua radiactiva.

Un típico reactor de agua a presión tiene alrededor de 200 elementos combustibles, cada uno con 300 barras de combustible nuclear y produce 1300 megavatios. Los reactores nucleares cuentan con múltiples sistemas de seguridad para evitar la pérdida de sustancias radiactivas. Contra catástrofes naturales y ataques terroristas no hay protección que funcione al 100 %. Tampoco puede descartarse el máximo accidente previsible.

Prototipo de una planta de vitrificación de residuos radiactivos. Aquí, los residuos radiactivos son convertidos en vidrio para almacenarlos de forma definitiva.

Trabajadores del almacén provisional de elementos combustibles en Ahaus, Renania del Norte, Westfalia, controlan si sale alguna radiación del contenedor Castor.

¿Es peligrosa la energía nuclear?

Con un funcionamiento normal, las centrales nucleares ceden una cantidad muy limitada de sustancias radiactivas al medio ambiente. Una parte minúscula de su radiación es absorbida por las personas y los animales. Es más pequeña que la dosis de radiación que recibimos, por ejemplo, por radiación cósmica del espacio o de una radiografía.

Emiten más radiactividad las llamadas plantas de reprocesamiento de combustible nuclear, en las que se recupera el combustible restante de las barras de combustible nuclear usadas. Las mediciones muestran aquí una radiación elevada. La explosión de una central nuclear es, naturalmente, una gran catástrofe, como ocurrió en Chernóbil en Ucrania.

REACTORES

Se llama reactor nuclear a toda instalación en la que tienen lugar fisiones nucleares por reacción en cadena controlada. La energía así producida se aprovecha para la producción de electricidad. También hay reactores cuyo único fin es la investigación y utilizan el fuerte flujo de neutrones salidos de la fisión para fines científicos.

FUKUSHIMA

Varios terremotos de gravedad seguidos y un gigantesco tsunami destruyeron parcialmente la central nuclear de Fukushima en la primavera de 2011. Hubo un escape de mucha radiactividad. Una gran área tuvo que evacuarse. Los daños totales todavía no se calculan.

Tres contenedores Castor abandonan la central nuclear de Neckarwestheim. En ellos se transportan los residuos radiactivos hasta una planta de reprocesamiento o un depósito definitivo.

Piscinas de recepción para elementos combustibles en la planta de reprocesamiento La Hague. En muchos de los pasos de separación y limpieza se recupera uranio y plutonio sin usar.

CORE- CATCHER

Un dispositivo de recuperación del núcleo (inglés core, "núcleo"; catcher, "recuperador") es un dispositivo que en caso de accidentes graves del reactor atrapa el núcleo derretido del reactor, de forma que la radiactividad no llegue al aire libre. Una central nuclear con core-catcher es más segura que una convencional. No obstante, la seguridad nunca será total en instalaciones técnicas.

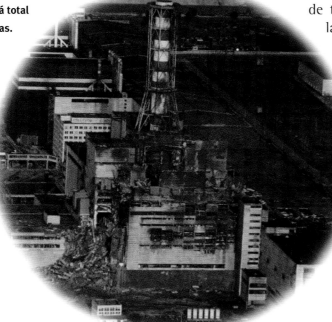

El 26 de abril de 1986, una explosión destruyó el bloque del reactor II en Chernóbil (Ucrania). En los meses siguientes, el bloque se recubrió con un revestimiento de hormigón, así se restringió la emisión radiactiva.

Enormes cantidades de material radiactivo que se forman en la fisión nuclear podrían llegar al aire y amenazar la vida o incluso acabar con ella a una distancia de cientos de kilómetros.

Aún peor es, por supuesto, una guerra con armas atómicas. A la fuerza destructora de la explosión se le sumaría en este caso la emisión de una cantidad ingente de radiactividad. Según estimativos después de la catástrofe de Chernóbil murieron 160 000 personas, el lanzamiento de la bomba atómica sobre la ciudad japonesa de Hiroshima mató a 200 000. Muchos murieron instantáneamente, otros enfermaron de cáncer debido a la radiación y murieron entre grandes sufrimientos.

Las centrales nucleares alemanas están entre las más seguras del mundo. El terrible atentado terrorista del 11 de septiembre de 2001 en Estados Unidos mostró, sin embargo, que los terroristas son capaces de todo, posiblemente también de la destrucción de centrales nucleares con bombas o accidentes de avión programados.

Debido a estos peligros y al problema que supone deshacerse del material radiactivo, Alemania ha decidido dejar paulatinamente la energía nuclear, tan eficaz en sí misma. En el 2002, la energía nuclear era responsable de la producción de alrededor de un 30 % de la electricidad.

El Sol, nuestro futuro

Nuestro sol es una estrella fija, una de las cerca de 200 000 millones de estrellas en nuestro sistema, la Vía Láctea. Es una bola gigantesca de gases calientes y es tan grande que se necesitarían un millón de planetas como la Tierra para llenarla. Las capas exteriores que podemos ver tienen una temperatura de cerca de 5600 °C. En la zona central, sin embargo, es más caliente, unos 15 millones de °C. Allí la presión es 200 000 millones de veces más elevada que la presión en la Tierra.

El Sol está compuesto principalmente de los dos elementos químicos más ligeros: hidrógeno y helio. Si el hidrógeno ardiera sin más, entonces el Sol, a pesar de su tamaño, solo brillaría pocos miles de años. Después el combustible se agotaría. El Sol tiene, por tanto, una fuente de energía mucho más productiva, pues calienta nuestro planeta desde hace ya 4600 mil millones de años.

Hoy sabemos que a la energía nuclear el Sol le debe la vida como estrella fija luminosa. No obstante, esa energía es producida de manera diferente a una central nuclear, donde los átomos nucleares se fisionan con pérdida de masa.

Expresado de forma más sencilla, en el interior del Sol tiene lugar el siguiente proceso: de 4 núcleos atómicos de hidrógeno se forma uno de helio. Este es algo más ligero que los 4 componentes de los que ha surgido. Como en una central nuclear hay una pérdida de masa, aquí también se convierte en energía, que se emite al espacio como radiación y flujo de partículas más rápidas.

¿Cuánta energía manda el Sol a la Tierra?

383 000 000 000 000 000 000 000 kW es la potencia total de la radiación solar. Por supuesto, nadie puede imaginarse esto. La cifra nos dice mucho más, si tenemos claro que cada metro cuadrado de superficie solar produce 62 000 kW. Esta es la producción de 60 000 estufas o de un millón de bombillas.

La Tierra no recibe, ni siquiera, la milmillonésima parte de la energía solar total, pero un metro cuadrado recibe, con radiación vertical, alrededor de 1 kW o 1000 W. Ahora bien,

¿CUÁNTO TIEMPO MÁS PODRÁ BRILLAR AÚN EL SOL?

La potencia de la radiación solar no sufrirá cambios significativos en los próximos millones de años. Con excepción de pequeñas fluctuaciones, el Sol siempre brilla con la misma claridad. Todas las generaciones futuras pueden contar con el Sol con total confianza. Los astrónomos han descubierto, sin embargo, que el Sol va calentándose cada vez más. Esto comenzará a ser un peligro para la vida en la Tierra dentro de 500 millones de años. En unos 5000 millones de años el Sol se inflará y convertirá en una gigantesca estrella, antes de apagarse y volverse un pequeño resto estelar.

FUSIÓN NUCLEAR EN EL SOL El Sol consume cada segundo 564 millones de toneladas de hidrógeno y las convierte en 560 millones de toneladas de helio. Los 4 millones de toneladas restantes, es decir, el 0,7 % de la sustancia combustible se transforma en energía. Esta se emite al espacio. La fusión de núcleos atómicos ligeros a núcleos más pesados con producción de energía se llama fusión nuclear, la cual solo es posible a temperaturas muy elevadas.

el sol no llega siempre vertical y el tiempo no siempre es bueno.

Pero incluso en un país como Alemania, donde el sol no llega nunca vertical y debido al clima no se deja ver muy a menudo, se recibe de él 80 veces más energía de la que se consume en total.

En el desierto del Sahara, cada metro cuadrado de este recibe 2200 kWh de energía solar; en Alemania, son solo unos 1000 kWh. Esto no es impedimento para aprovechar esta energía ecológica y gratuita.

¿Qué es un colector solar?

El principio es sencillo. Si el sol le da a un objeto oscuro, este se calienta mucho. Este efecto, que todo el mundo conoce, es la base para la utilización de la llamada energía solar térmica mediante colectores solares. Un colector solar simple funciona de la siguiente manera: una placa negra de metal o materia plástica, el absorbente, recoge la energía irradiada por el Sol y se calienta. La placa entrega este calor a un líquido que fluye a través de unos tubos que están incorporados en la placa del absorbente. El líquido puede, por ejemplo, calentar agua para su uso doméstico.

Los colectores solares planos modernos con unos recubrimientos especiales transforman alrededor del

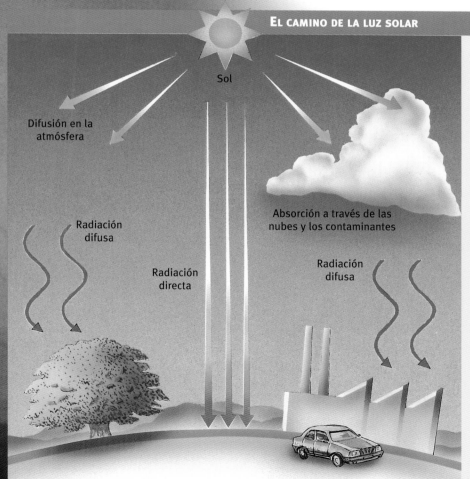

EL CAMINO DE LA LUZ SOLAR

Sol

Difusión en la atmósfera

Radiación difusa

Radiación directa

Absorción a través de las nubes y los contaminantes

Radiación difusa

No toda la luz solar viene hasta nosotros siguiendo un camino directo. Así, principalmente, la parte azul se dispersa por la atmósfera y nos llega de forma indirecta como azul del cielo. Otra parte es tragada primero por las nubes y los contaminantes —los físicos dirían absorbida— y después estos la reflejan. Esta parte indirecta de la energía solar recibe el nombre de radiación difusa. En los países europeos, se recibe en promedio 60 % de la energía solar como radiación difusa y 40 % como radiación directa.
Por suerte, hay métodos para aprovechar todas las partes de la energía solar. Un ejemplo son los colectores solares de los tejados.

Colector
solar móvil

95 % de la luz solar captada en calor. Aquí se alcanzan temperaturas superiores a los 80 °C.

Si se necesitan pocos grados de calentamiento, como en una piscina climatizada, es suficiente bombear el agua a través de una especie de esteras colectoras negras. El agua toma entonces la energía solar y se calienta para el baño.

El calor que se produce a partir de los sistemas de colectores solares

Central solar con espejo cóncavo. Aquí los rayos solares apuntan a la cajita negra y calientan un líquido.

suele utilizarse solo para calentar agua doméstica, es decir, para la higiene en el hogar. En verano basta la energía solar; en invierno, hay que calentar el agua de forma adicional, y se necesita siempre una calefacción convencional.

Una calefacción de aceite o de gas produce, especialmente en verano, muchas sustancias tóxicas, ya que el quemador solo salta por tiempos muy breves y no trabaja en el rango más favorable. Si se tienen colectores solares en el tejado, se puede apagar del todo la calefacción en la época de calor y así cuidar el medio ambiente.

Radiación solar indirecta
Serpentín
Absorbedor ennegrec
Radiación so
directa
Salida
de agua caliente
Cubierta transparente
de cristal
Aislamiento térmico
Entrada de agua fría

Colectores solares proveen a las casas de energía calorífica.

> **¿Qué es una central solar?**

Con colectores solares sencillos ya se alcanzan temperaturas de alrededor de 80 °C. Si se capta la luz con un espejo cóncavo y se concentra se alcanzan temperaturas mucho más altas. Un líquido puede calentarse en el punto focal del espejo hasta 800 °C, una vez caliente este fluido pasa por una caldera donde calienta agua y la convierte en vapor. Con este vapor se puede producir electricidad como en una central térmica de carbón. Ya que la energía proviene del sol, esta instalación recibe el nombre de "central solar" térmica.

En lugar de utilizar espejos redondos para captar la radiación solar se pueden usar

EN INVIERNO TAMBIÉN SE CALIENTA

Con grandes placas de colectores solares en los tejados se puede contribuir a la calefacción de los edificios. Lamentablemente, en este tiempo tenemos la mayor necesidad de calefacción, es decir, en invierno es cuando menos radiación solar recibimos. Hay que guardar el calor sobrante del verano para el invierno. Esto es posible, por ejemplo, con acumuladores de calor a largo plazo, que se calientan en verano gracias a la energía solar y alcanzan en agosto su temperatura más alta. Hasta diciembre van entregando el calor poco a poco para calentar. Después se necesita una calefacción de gas convencional.

también los llamados colectores solares parabólicos. Estos dirigen la radiación solar a un conducto colocado en el punto focal por el que fluye un líquido que se calienta hasta 400 °C. La energía así obtenida se utiliza entonces para producir electricidad.

En las centrales térmicas solares de torre un gran número de espejos captura la luz solar. A lo largo del día se les redirige hacia el sol, ya que este va cambiando su posición. Los espejos dirigen la luz solar a la punta de una torre donde otra vez se calienta un líquido.

Mientras que los colectores solares de un tejado pueden aprovechar también la radiación solar difusa, las centrales solares térmicas necesitan la luz solar directa. Por este motivo

La central solar térmica de torre en California (Estados Unidos) está rodeada de 2000 espejos, que envían la luz solar a la punta de la torre.

tendrán un gran futuro en lugares con muchos días soleados, como el sur del Mediterráneo o California. Se planean centrales solares térmicas con una eficacia de 200 megavatios. Instalaciones más pequeñas ya funcionan con una eficacia de 70 megavatios.

SOLAR

La palabra solar viene del latín *solaris*, "perteneciente al sol". Puesto que en el Sahara el Sol luce especialmente, se planea instalar allí enormes centrales solares térmicas.

Central solar térmica con colectores solares parabólicos. Una gran cantidad de colectores solares parabólicos computarizados captan la luz solar en un conducto lleno con aceite sintético que se calienta a unos 400 °C (desierto Mojave, California, Estados Unidos).

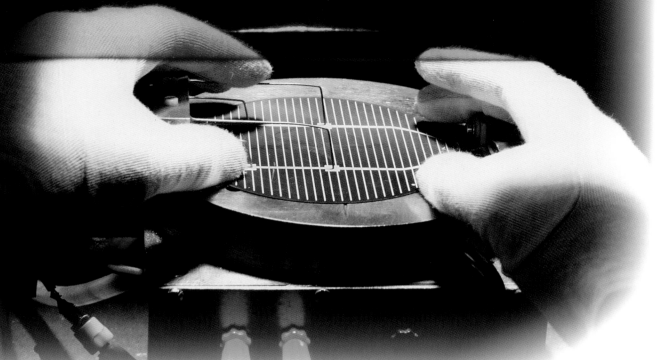

Se puede utilizar la energía solar no solo para producir calor, sino también para convertirla directamente en energía eléctrica. Esto sucede, por ejemplo, en las paletas colectoras de energía solar de satélites y estaciones espaciales, que reciben mucha radiación solar. La electricidad se crea a partir de las llamadas celdas solares, compuestas de sustancias especiales, que reciben el nombre de semiconductores. Su componente principal es el silicio.

En realidad, los semiconductores no conducen la corriente eléctrica tan bien como los metales. No obstante, para producir electricidad gracias a este efecto, hay que agregarle impurezas de otros elementos como boro, fósforo o indio, o, como diría un experto, hay que doparlo. Según el tipo de dopaje, el silicio adquiere distintas propiedades eléctricas. Si se colocan capas de silicio dopado unas sobre otras y se exponen a la luz, se obtiene una tensión como en una batería eléctrica. Si se conecta un consumidor, por ejemplo, una bombilla pequeña, comienza a fluir la corriente eléctrica. Es decir, con una celda solar se puede producir electricidad a partir de la luz solar.

El grado de eficiencia de las celdas solares es de un 15-20 % en promedio. Esto significa que 15-20 % de la energía solar se transforma en energía eléctrica. Una

¿Qué es una celda solar?

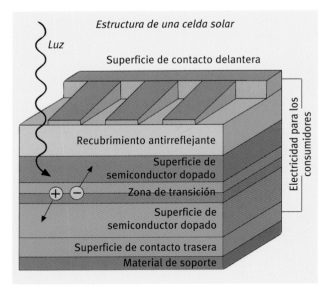

Estructura de una celda solar

Luz

Superficie de contacto delantera

Recubrimiento antirreflejante

Superficie de semiconductor dopado

Zona de transición

Superficie de semiconductor dopado

Superficie de contacto trasera

Material de soporte

Electricidad para los consumidores

Test de una celda solar recién instalada. Los finos hilos recogen la electricidad y la transmiten.

SOLUCIÓN ISLA

Refugios de montaña, caravanas, máquinas de tiquetes de estacionamiento y postes de socorro tienen, a menudo, su propia central energética: un sistema fotovoltaico. Son "islas de energía" que no están conectadas a la red eléctrica.

TRES VECES 20 es la nueva fórmula mágica de la Unión Europea para el medio ambiente. Hasta el 2020 hay que reducir el consumo de energía un 20 %, producir un 20 % menos de gases de efecto invernadero y, por último, las energías renovables deben cubrir un 20 % del consumo total de energía.

Las calculadoras que obtienen electricidad a partir de celdas solares hacen los cargadores y las pilas innecesarios. Una bomba de agua de la fuente del estanque de un jardín que funcione con energía solar

facilita la creación de un biotopo húmedo, pues no es necesario llenar el jardín de largos cables. Excepto por la noche, un helicóptero de juguete con celdas solares siempre está preparado para despegar.

Después del oxígeno, el SILICIO es el segundo elemento químico en abundancia sobre la Tierra. Se encuentra en la arena y está disponible casi ilimitadamente. No solo las celdas solares, sino muchos chips que se usan en electrónica están hechos de silicio. La materia prima para la fabricación de celdas solares es, por consiguiente, un producto residual de la producción de chips.

Cada vez se ven más tejados con celdas solares. La electricidad sobrante puede alimentar la red general a cambio de una remuneración.

única celda solar puede producir alrededor de 0,5 voltios de tensión.

Para obtener una tensión técnica necesaria de, por ejemplo, 12 voltios hay que poner varias celdas solares seguidas.

Las celdas solares tienen muchas ventajas: no producen ruido ni gases y tienen una gran duración. El silicio es una de las sustancias químicas más abundantes de la superficie terrestre y existe casi de forma ilimitada.

¿Qué ventajas y aplicaciones tienen las celdas solares?

La producción de electricidad con luz solar se llama también fotovoltaica. Tiene muchas aplicaciones que van desde el funcionamiento de una calculadora solar de bolsillo hasta grandes instalaciones. Se puede, por supuesto, instalar sistemas fotovoltaicos en los tejados de las casas, que complementan el suministro de electricidad a través de la red general.

Una instalación solar en el tejado puede ser de gran eficacia en zonas retiradas. La energía producida, que en parte debe ahorrarse en la noche, puede abastecer con electricidad suficiente a un televisor, a un radio y a varias lámparas durante un par de horas.

Esto resulta muy poco si se compara con el consumo energético de un hogar promedio. Sin embargo, una instalación fotovoltaica supone una mejora considerable de la calidad de vida para las personas de los países en vías de desarrollo que no disponen de una red eléctrica estatal.

Agua, viento y biomasa

La mayor parte de la energía se obtiene de quemar combustible fósil. Como se sabe este está disponible solo de forma limitada, es decir, lo que se consume se pierde de manera irreversible. Otra desventaja es que durante la utilización de carbón, gas natural y petróleo se producen gases nocivos de efecto invernadero. Por eso, en todo el mundo se buscan las llamadas energías renovables o regenerativas y fuentes de materias primas.

> **¿Qué son las energías renovables?**

Estas energías son agua, viento y biomasa. También la luz solar pertenece a este grupo (ver página 28).

Todas tienen algo en común: no se agotan, siempre están disponibles, y además durante la producción de energía no se generan gases de efecto invernadero.

La energía solar se usa en la agricultura desde hace milenios. Es un hecho que las plantas son capaces de absorber la luz del sol, y gracias a esta energía crecen. En este proceso producen muchas sustancias energéticas como proteínas, azúcares y otros componentes celulares. Estos componentes juntos reciben el nombre de biomasa. Para la formación de material vegetal se necesita también dióxido de carbono, que es tomado del aire. Es decir, los gases de efecto invernadero desaparecen de la atmósfera.

> **¿Qué se entiende por biomasa?**

También se definen como biomasa los excrementos de los animales herbívoros. Un simple fuego en la chimenea demuestra que se puede obtener energía a partir de biomasa. Hay tres tipos de biomasa interesantes en la producción de energía: cultivos energéticos, que se plantan

La energía eólica (Palm Springs, Estados Unidos), la energía hidráulica (Edertalsperre, Hessen) y los cultivos energéticos (colza) cuentan entre las energías renovables.

El miscanthus, que crece unos cuatro metros, es un buen aislante biológico en la construcción de una casa y se emplea en la producción de electricidad en las centrales de cogeneración mediante biomasa.

El aceite de palma se emplea para la producción de alimentos y biocarburantes. La necesidad aumenta y cada vez se deforestan mayores zonas de selva tropical para las plantaciones.

especialmente para la producción de energía, material vegetal muerto, como paja, madera y residuos de madera y las deyecciones de los animales herbívoros.

Los cultivos energéticos son, en sentido amplio, todos los árboles cuya madera se quema. Algunas plantas, sin embargo, presentan gran cantidad de sustancias energéticas como la lignina y la celulosa. A este grupo pertenecen árboles como el chopo y el sauce, pero también hierba como el miscanthus y plantas como la colza que nos alegra la vista con su intenso color amarillo. Estos cultivos energéticos se plantan con el único objetivo de producir energía y su combustión se usa para producir calor y electricidad.

De la colza se puede obtener, además, un carburante para motores que podría sustituir parcialmente al diésel. Con cultivos energéticos se puede obtener por año y por hectárea de suelo tanta energía como hay en 3000-11 000 litros de combustible. No obstante, para producir cultivos energéticos se necesitan también energía, agua y sustancias que contaminan el medio ambiente, como plaguicidas. Además, para el cultivo de estas plantas se destruye la valiosa selva tropical y se sacrifican tierras de labranza necesarias para la alimentación.

> **¿Qué son los cultivos energéticos?**

¿DEBEMOS VOLVER A CALENTARNOS UTILIZANDO LEÑA?

Junto a la leña tradicional hay modernas formas de madera procesada para calefacción. Por ejemplo, hay sistemas de calefacción para pellets de madera (a la izquierda), virutas de madera o gas de madera. Los pellets de madera es aserrín comprimido, que se agrega directamente a la calefacción, de manera que no es necesario añadir más haces de leña. Las virutas de madera son pequeños trozos de madera; el gas de madera es un gas de calefacción que resulta de la combustión de la madera. La producción de madera a partir de biomasa tiene la ventaja de no emitir más dióxido de carbono del que se consumió previamente para la formación de las plantas. De manera que la atmósfera no se contamina con gases de efecto invernadero. La madera puede volver a crecer siempre, y al contrario del petróleo es una fuente de energía regenerativa. Las calefacciones de leña se utilizan hoy día en viviendas particulares, pero también en zonas residenciales enteras. En los países de habla alemana se ha impuesto este tipo de calefacción, especialmente en Austria y Suiza.

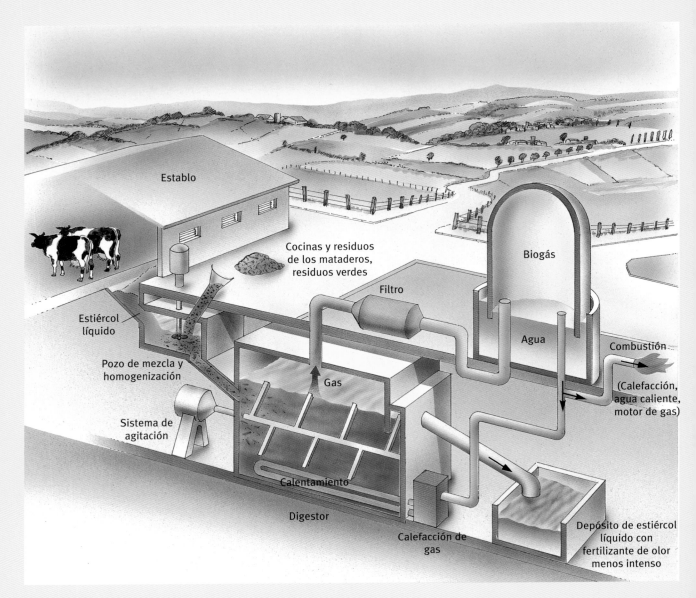

Est%blo

Cocinas y residuos
de los mataderos,
residuos verdes

Biogás

Filtro

Estiércol
líquido

Agua

Combustión

Pozo de mezcla y
homogenización

Gas

(Calefacción,
agua caliente,
motor de gas)

Sistema de
agitación

Calentamiento

Digestor

Calefacción de
gas

Depósito de estiércol
líquido con
fertilizante de olor
menos intenso

¿CÓMO SE PUEDE OBTENER GAS DE ESTIÉRCOL LÍQUIDO?

La orina y las deyecciones de los animales y también otros residuos orgánicos pueden convertirse parcialmente en un gas combustible llamado "biogás". Una planta de biogás funciona de la siguiente manera: el estiércol y las heces se procesan primero en un pozo hasta obtener una mezcla homogénea y después se conducen a una cuba de fermentación o digestor. En esta cuba herméticamente cerrada, las bacterias descomponen la biomasa y se produce el biogás, que consta de 65 % de metano, el componente principal del gas natural. Una explotación con 100 vacas puede producir diariamente 100 m de biogás. La producción de biogás anual corresponde al valor calorífico de 24 000 litros de gasóleo de calefacción. Gracias a que el gas se puede almacenar fácilmente, puede utilizarse en invierno para calefacción. Las plantas de biogás son apropiadas para grandes explotaciones y tienen una ventaja decisiva. Mediante el proceso de fermentación y la producción de gas se mejora el valor fertilizante de los restos de estiércol líquido, que ahora las plantas pueden absorber mejor y, además, ya no presentan un olor tan desagradable como antes. La plantas de biogás, hoy en muchas explotaciones agrícolas, son ecológicas al igual que la combustión de madera, ya que en la fermentación y combustión de los gases se emite la misma cantidad de dióxido de carbono que antes absorbieron las plantas que sirvieron de alimento a los animales.

Central hidroeléctrica con subestación en Kaprun, Austria.

Los molinos de agua se utilizaron hasta finales del siglo XIX. El molino Meuschen, en el bosque de Suabia-Franconia, tiene una rueda de molino muy grande de siete metros de diámetro y una planta de molienda conservada en su totalidad. En la construcción de una rueda hidráulica era importante que la energía del agua se transmitiera de forma eficaz a la rueda (imagen pequeña).

¿Qué es la energía hidráulica?

Desde hace siglos se aprovecha la fuerza que hay en masas de agua que fluyen o que caen, para, por ejemplo, molinos o aserraderos. Esta fuente de energía, conocida por los romanos, recibe el nombre de energía hidráulica.

En las centrales hidroeléctricas modernas se utiliza la energía que hay en el agua en altura o embalsada. Si el agua cae a un nivel inferior puede, mediante su energía cinética, hacer girar una turbina, que a su vez acciona un generador para la producción de electricidad. En las llamadas centrales hidroeléctricas de filo de agua se toma parte del agua de un río y se conduce a través de un canal hasta una turbina. Esta, como en la mayoría de las centrales, pone en marcha un generador. Después, se reconduce el agua al río.

Hay centrales hidroeléctricas especialmente en el sur de Alemania, Austria y Suiza, donde se presentan diferencias de altura naturales. En Alemania se produce un 3,5 % de la electricidad gracias a la energía hidráulica.

Molino harinero de Unterschlauersbach en la región de Fürth, construido en 1576.

La energía eólica se utiliza desde hace milenios y hace 100 años, molinos de viento como estos eran aquí en Kinderdijk, en el sur de Holanda, una imagen familiar.

Al contrario que el viento y el sol, tiene la ventaja de estar casi siempre disponible.

Lamentablemente, en Alemania ya no existen posibilidades de construir centrales hidroeléctricas más grandes. Sin embargo, con minihidráulicas se podría aumentar la producción de electricidad mediante energía hidráulica todavía en un 50 %.

Desde hace milenios y de forma parecida a la energía hidráulica, se

¿Qué es la energía eólica?

usa el viento como fuente de energía. Se habla entonces de energía eólica. En la antigüedad, los barcos de vela usaban esta fuerza. A finales del siglo XIX funcionaban casi 20 000 molinos de viento en Alemania. Las máquinas de vapor, el petróleo, el gas y la electricidad hicieron que el viento cayera casi en el olvido como fuente de energía. La crisis del petróleo de la década de los años 1970 trajo el cambio. Nació una nueva generación de molinos de viento. Se trata de inmensos rotores sobre esbeltas torres que cerca de la costa o en zonas de montaña giran para, de forma ecológica, transformar la energía eólica en electricidad.

Los molinos modernos del siglo XXI pueden transformar el 30 % de la energía eólica que toman en electricidad. Un aerogenerador produce de uno a dos megavatios que, sin embargo, solo se obtienen con el viento adecuado. A partir de una velocidad del viento de tres metros por segundo comienza a trabajar la instalación y a producir electricidad. Si la velocidad del viento se dobla, el rendimiento se multiplica por ocho. Después de determinada velocidad el rendimiento no aumenta. En caso de tormenta, la instalación se apaga automáticamente, para que no se produzcan destrozos.

En las zonas ventosas cada vez hay más "parques eólicos" que alteran el paisaje. En la región alemana de Schleswig-Holstein los polémicos parques eólicos producen el 44 %, lo que representa 6,2 % del suministro total de corriente en Alemania.

Alemania es líder mundial en la explotación de energía eólica. A mediados de 2010, los parques eólicos habían alcanzado ya un rendimiento

Aquí Don Quijote no se hubiera siquiera atrevido a iniciar la lucha.

El parque eólico marino de Middelgrunden en la costa de Copenhague (Dinamarca) está compuesto por una línea de 20 aerogeneradores y puede abastecer con electricidad a 20 000 hogares.

Central mareomotriz en la desembocadura del Rance en el canal de la Mancha (Francia.)

CENTRALES MAREOMOTRICES

Dos veces al día el Sol y la Luna hacen que se eleven y desciendan las masas de agua del océano. Este fenómeno se conoce como mareas. La amplitud de la marea, es decir, la diferencia entre el agua baja y el agua alta, puede ser muy grande en los mares marginales como el mar del Norte y en los extremos de brazos de mar largos y cerrados. Allí, durante la marea alta, el agua que fluye se concentra y se acumula a grandes alturas. La amplitud de la marea en el mar del Norte alemán asciende a cuatro metros, y en algunas zonas de la costa norteamericana incluso a 22 metros. Esta enorme diferencia se puede utilizar, como en un embalse, para producir energía.

total máximo de 24 600 megavatios. En todo caso, este rendimiento depende del viento.

¿Tiene futuro la energía eólica?

La energía eólica disponible en todo el mundo asciende a un 2% de la energía solar irradiada: aproximadamente 20 billones de kWh. Incluso la parte de la misma que cae sobre zonas pobladas es mucho mayor que la demanda mundial de energía. Sin embargo, solo se puede utilizar el 3 %. Esto sigue siendo un tercio de las necesidades energéticas del mundo, aunque es solamente un promedio.

En realidad, se puede utilizar incluso menos. No solo depende de las diferencias de presión en la atmósfera, sino también de lo "áspero" que sea el paisaje. En la costa o en el mar el viento sopla más fuerte que en zonas boscosas y los valles de las montañas. Las instalaciones de energía eólica se ubicarán, por tanto, en las zonas costeras y en las cimas de las zonas montañosas. A pesar de esta limitación, la energía eólica tiene un gran futuro en todo el mundo y en Alemania, donde puede cubrir entre un 20 y un 30 % de la demanda eléctrica.

Dado que el viento no sopla constantemente, siempre hay que combinarla con otros métodos de producción de energía.

Parques eólicos situados en mar abierto reciben el nombre de parques eólicos marinos *offshore*.

¿Qué son los parques eólicos offshore?

Tienen una ventaja esencial: la producción de energía es mayor que en tierra, ya que el viento sopla más fuerte y no encuentra obstáculos como en tierra. Además hay mucho espacio, por lo que se pueden construir parques eólicos muy grandes. Los principales argu-

En Islandia también los invernaderos se calientan con vapor geotérmico.

mentos contra la energía eólica desaparecen, si los aerogeneradores se sitúan a más de diez kilómetros de la costa. No se afecta el paisaje y su fuerte ruido aquí no molesta.

Por supuesto, también hay desventajas: los cimientos de los aerogeneradores son muy costosos. La conexión a la red eléctrica también resulta bastante cara y solo merece la pena en parques eólicos de gran tamaño con rotores fuertes. También son altos los costos de mantenimiento. La navegación, por supuesto, no debe afectarse. A pesar de todas estas objeciones, la técnica *offshore* tiene un gran futuro.

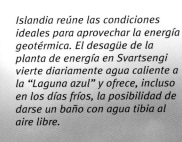

Islandia reúne las condiciones ideales para aprovechar la energía geotérmica. El desagüe de la planta de energía en Svartsengi vierte diariamente agua caliente a la "Laguna azul" y ofrece, incluso en los días fríos, la posibilidad de darse un baño con agua tibia al aire libre.

LA ENERGÍA DE LOS VOLCANES Nuestro planeta tiene alrededor de 4600 millones de años. Al principio, la Tierra era lava líquida que se calentó por la desintegración radiactiva, impactos de pequeños cuerpos celestes y la contracción (encogimiento de los planetas jóvenes). Aún hoy tienen lugar desintegraciones radiactivas con gran liberación de energía en el interior de la Tierra, que ha permanecido parcialmente en forma de lava. Hay todavía energía suficiente para más erupciones volcánicas.

BOMBAS DE CALOR

No solo en las cercanías de los volcanes encontramos energía en forma de calor en el suelo, sino en todas partes. Con las llamadas bombas de calor se podría sacar energía de su propio terreno. Una bomba de calor típica toma de la red eléctrica 1,5 kW y suministra 5 kW de potencia calorífica.

¿Se puede aprovechar la energía de los volcanes?

Todo el mundo sabe que en el centro de la Tierra dominan las altas temperaturas y que en muchos lugares del planeta hay volcanes que entran en erupción. Terribles ríos de lava, gases calientes, cenizas y piedras emergen de la chimenea volcánica y dan muestras de la energía que dormita en el interior de la Tierra. En algunas zonas del planeta aumenta la temperatura con la profundidad muy rápidamente, por ejemplo, en Islandia. Allí, en todas partes, hay fuentes calientes y lugares donde sale vapor caliente que se puede utilizar directamente para producir electricidad o calefacción.

También bajo la superficie del territorio de Alemania se encuentran a profundidades de 3000-7000 metros enormes cantidades de energía geotérmica disponible. Solo eso bastaría para cubrir la demanda de energía en este país europeo durante 10 000 años. Hasta ahora no existe ningún proceso para acceder a esa energía sin que los costos resulten soportables. ¡Todavía no!

Con este ejemplo también se observa que mediante nuevos inventos e innovaciones técnicas, las luces de Alemania no se apagarán en un futuro lejano.

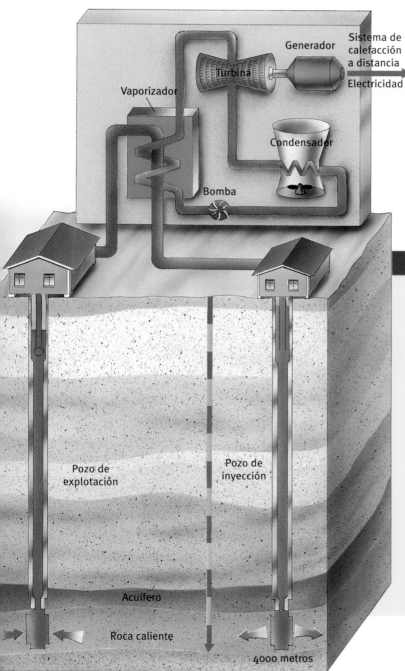

Generador
Sistema de calefacción a distancia
Electricidad
Turbina
Vaporizador
Condensador
Bomba
Pozo de explotación
Pozo de inyección
Acuífero
Roca caliente
4000 metros

EL SISTEMA "HOT-DRY-ROCK"

Existe también la posibilidad de tomar energía de las rocas subterráneas. Para ello se perfora en dos lugares. A través de una de las perforaciones se bombea agua fría hacia las profundidades y allí se calienta. A través de la segunda perforación asciende el agua caliente de nuevo. De esta forma se tiene una fuente inagotable de agua caliente ya que la roca subterránea se calienta constantemente debido a la desintegración radiactiva en las capas profundas de la Tierra. El agua ascendente alcanza temperaturas de unos 140 °C. El agua sobrecalentada entrega su energía a un evaporador a través de un sistema de tubos a un segundo circuito de tubos. El vapor que resulta acciona una turbina como en las centrales energéticas. La energía obtenida de las profundidades de la Tierra se llama energía geotérmica.

Hidrógeno, ¿la fuente energética del siglo XXI?

¿Hay energía en el hidrógeno?

El hidrógeno, el elemento químico más simple, es un gas incoloro e inodoro, que arde con una llama azul que desprende energía y produce agua en su combustión. Es 14 veces más liviano que el aire. Por este motivo antes se llenaban las grandes aeronaves o los zepelines con hidrógeno. El ligero gas de hidrógeno llevó las inmensas naves varias veces sobre el Atlántico, hasta que el 6 de mayo de 1937 sucedió una terrible desgracia: el dirigible Hindenburg, lleno con 200 000 m³ de hidrógeno ardió en llamas en Lakehurst (Estados Unidos). Como en todos los incendios, se liberaron enormes cantidades de energía térmica. Esto muestra, por un lado, la energía que hay en la combustión de hidrógeno, y por otro, que desde ese momento el hidrógeno adquirió una mala reputación como un gas explosivo y muy peligroso.

El hidrógeno como fuente de energía tiene, por tanto, grandes ventajas, porque líquido o bajo presión ocupa muy poco espacio. Un experto diría que su volumen es pequeño. Además, en una tonelada de hidrógeno hay mucha más energía que en una tonelada de otra fuente de energía, por ejemplo el petróleo.

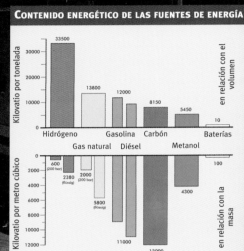

CONTENIDO ENERGÉTICO DE LAS FUENTES DE ENERGÍA

Con esta instalación se prueban tanques de alta presión de hidrógeno.

EL BAR

La presión se mide en "bars". 1 bar se divide en 1000 milibars. Otras unidades de presión más antiguas son el torr o la atmósfera. 1 bar = 750 torr. 1 atmósfera (atm.) = 1,01325 bars. 1/1000 bar se llama también un hectopascal (hPa).

CONTENIDO ENERGÉTICO

Si se quema 1 kilogramo de gasóleo de calefacción se puede obtener 11,8 kWh de energía térmica. Si se quema 1 kilogramo de hidrógeno, se obtienen unos 36 kWh. A esto hay que añadirle que durante la combustión de carbón, gas natural o petróleo se libera dióxido de carbono contaminante, mientras que de la combustión del hidrógeno solo surge agua, toda inocua.

Así podría construirse una pequeña pila de combustible, que en una caravana cubre el suministro de electricidad del refrigerador.

Tanque de hidrógeno

Célula de combustible

Sin embargo, el hidrógeno tiene grandes ventajas. Es ecológico y se encuentra en cantidades ilimitadas, dado que es parte del agua que llena los océanos.

Sería el combustible ideal, si no hubiera un enorme problema. A presión y temperatura ambiente normales 1 kilogramo de hidrógeno ocupa 11 m³, por lo que se necesitarían enormes tanques para su almacenamiento y los automóviles que funcionaran a base de hidrógeno tendrían que estar equipados con grandísimos contenedores. ¿Cómo solucionar el problema?

Hay tres formas de almacenar

¿Cómo se almacena el hidrógeno?

el hidrógeno. Se puede comprimir y almacenar en recipientes de alta presión. En estos contenedores hay una presión inimaginable de hasta 700 bar, ¡un gran desafío técnico! Están hechos de acero o de los llamados materiales de metal y fibra. Además, deben ser muy grandes y por esa razón no resulta fácil.

¿Necesitan los conductores de automóviles de hidrógeno una licencia de conducir para camiones?

Otra forma es hacer el hidrógeno líquido y almacenarlo a temperaturas de −253 °C. A pesar del aislamiento térmico necesario, estos tanques son más ligeros que los de alta presión y podrían emplearse en los automóviles.

El hidrógeno también puede almacenarse a alta presión en metales o en carbón. Sin embargo, el hidruro de metal solo puede absorber una pequeña cantidad de hidrógeno.

Diferenciamos entre almacenamientos estacionarios, móviles y portátiles. Estacionarios, los que no pueden moverse, los encontramos, por ejemplo, en las estaciones de repostaje de hidrógeno; los móviles, en los tanques de los cohetes y automóviles de hidrógeno. Los portátiles son pequeños depósitos de hidrógeno para computadores portátiles o dispositivos inalámbricos, que funcionan con las llamadas células de combustible de hidrógeno.

El hidrógeno tiene que ser no solo almacenado, sino también transportado del productor hasta el consumidor. Esto se hace utilizando vehículos o barcos, pero la mejor manera es mediante gasoductos (tuberías). A pesar de la alta presión de hasta 3000 bar, que ha de haber en los gasoductos, es posible hacer esto ya desde 1938. Hoy hay muchas redes de gasoductos, especialmente en Estados Unidos, Canadá y la Unión Europea.

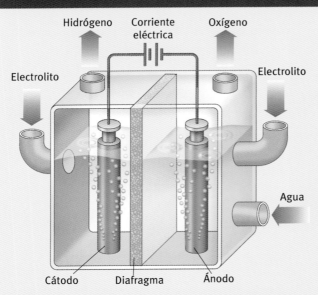

Hidrógeno — Corriente eléctrica — Oxígeno

Electrolito

Electrolito

Agua

Cátodo — Diafragma — Ánodo

La electrólisis es un método de producir hidrógeno sin que haya liberación de dióxido de carbono. Aquí el agua, compuesta de hidrógeno y oxígeno, se divide en sus componentes por medio de la energía eléctrica.

Se llena un recipiente de agua en el que hay dos electrodos sumergidos, hechos de un material conductor de la electricidad, como el grafito. Para llevar a cabo la electrólisis se añade al agua un electrolito. Este puede ser un ácido, un alcalino o una sal. Se aplica una tensión eléctrica a los electrodos, de manera que uno quede cargado positivamente y el otro negativamente. Si la tensión eléctrica empleada es mayor de 1,23 voltios, entonces el agua se divide en sus componentes hidrógeno y oxígeno. En el electrodo positivo, el ánodo, se acumula oxígeno y en el electrodo negativo, el cátodo, el deseado hidrógeno. Para dividir moléculas de agua se requiere energía eléctrica y para proteger el medio ambiente esta debería provenir de una instalación solar.

PRODUCCIÓN DE HIDRÓGENO

Los combustibles fósiles como el petróleo y el gas natural contienen hidrógeno, que se puede obtener en los llamados reformadores, al permitir que estos combustibles reaccionen con el aire o el agua a altas temperaturas. Junto al

¿Se puede producir hidrógeno usando la energía solar?

Ya se anotó que con energía solar se puede producir electricidad con la ayuda de celdas solares o de centrales de energía solar. Hay proyectos en zonas soleadas como el Sahara (África), en los que se produce hidrógeno a través de la electrólisis. La materia prima para esa electrólisis, es decir, el agua, es abundante debido a la cercanía del océano. Producido en grandes cantidades, el hidrógeno puede transportarse a través de gasoductos hasta zonas altamente pobladas, como Europa. Allí, la producción de electricidad puede emplearse para la calefacción, o para vehículos.

Si bien el proceso aún no resulta competitivo, representa, sin embargo, una gran oportunidad para no quedarnos con las manos vacías al final de la era del petróleo. Además, el hidrógeno no emite dióxido de carbono durante su combustión, esto es, no contamina. Por supuesto, todas las técnicas entrañan un cierto riesgo, pero el peligro de incendio y explosión es similar al que puede haber con el gas natural y se puede controlar con un manejo adecuado.

Las celdas de combustible se construyen de todos los tamaños y

¿Dónde se colocan las celdas de combustible?

tienen muchas aplicaciones potenciales. Pueden suministrar energía para los autos eléctricos o incluso sustituir la batería y el alternador de vehículos con otro tipo de tracción. Con la red, proporcionan electricidad para uso doméstico. El calor generado puede

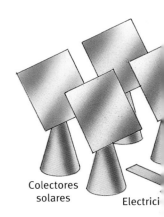

Colectores solares

Electrici

deseado hidrógeno se produce en este caso dióxido de carbono contaminante. También hay procesos biológicos para la producción de hidrógeno. Algunas bacterias pueden fabricar hidrógeno a partir de sustancias orgánicas.

En las celdas de combustible, a partir del hidrógeno y del oxígeno, se produce agua y energía en forma de electricidad. ¿Cómo está construida una celda?

Las celdas de combustible tienen dos electrodos sumergidos en un electrolito. Si se añade hidrógeno a un electrodo, y al otro oxígeno, se crea entre ellos como una batería, una pequeña tensión eléctrica de alrededor de 1 voltio. Mediante la interconexión de varias celdas individuales, se obtienen como en las celdas solares, voltajes más altos. Además, se produce calor. La energía liberada proviene de la reacción química, que combina los gases introducidos, hidrógeno y oxígeno, para formar agua.

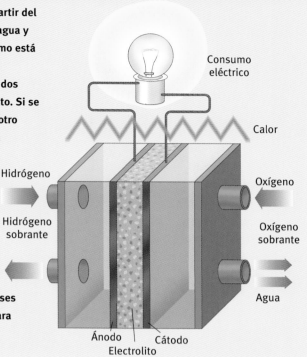

Consumo eléctrico

Calor

Hidrógeno

Oxígeno

Hidrógeno sobrante

Oxígeno sobrante

Agua

Ánodo   Cátodo
Electrolito

Energía solar

El hidrógeno solamente es una fuente de energía útil, si se obtiene mediante el uso de energías renovables, como la energía solar. Puede transportarse en tuberías a larga distancia para utilizarlo en celdas de combustible, plantas de cogeneración y motores de automóvil.

calentar el agua. En el futuro también reemplazarán a las baterías convencionales en dispositivos pequeños como calculadoras o computadores portátiles.

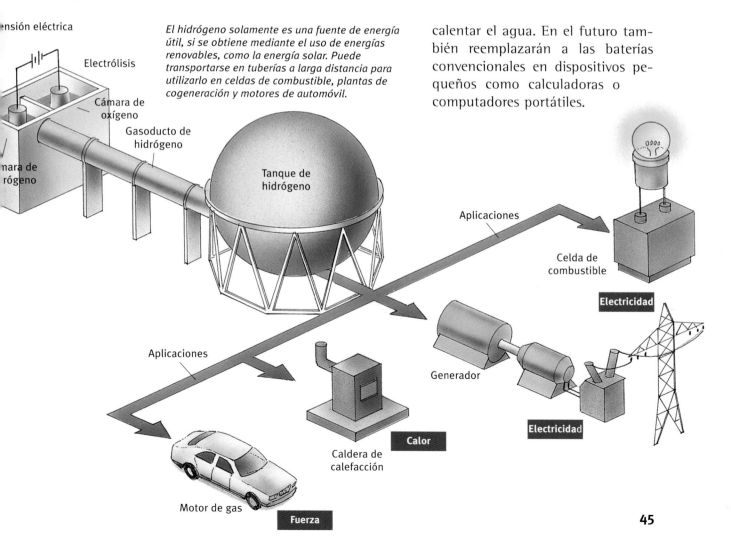

nsión eléctrica

Electrólisis

Cámara de oxígeno

Gasoducto de hidrógeno

nara de rógeno

Tanque de hidrógeno

Aplicaciones

Celda de combustible

Electricidad

Generador

Electricidad

Aplicaciones

Calor

Caldera de calefacción

Motor de gas

Fuerza

45

¿Sustituirá el hidrógeno a la gasolina?

Los experimentos con automóviles de hidrógeno son ya un gran éxito, pero, por supuesto, hay que solucionar todavía muchos problemas, entre ellos la construcción de tanques de combustible adecuados, el reabastecimiento seguro de combustible y la construcción de una estación de repostaje de hidrógeno.

En la actualidad se evidencia que, a través de los vehículos impulsados por celdas de combustible, se inicia la era de los autos de hidrógeno. Varias compañías han desarrollado estos vehículos. Los autos que utilicen el hidrógeno de forma similar como se hace hoy con la gasolina, tardarán más tiempo en llegar.

Los vehículos representan un gran reto para los ingenieros, hay que desarrollar nuevos motores, juntas y cableado. Cuando la producción de hidrógeno mediante energía solar se desarrolle hasta el punto que el hidrógeno se produzca en grandes cantidades, los nuevos autos no tendrán obstáculos en su camino.

Personal del Centro Aeroespacial Alemán en Stuttgart, prueba un bloque de celdas de combustible. Varias celdas pueden conectarse en cascada para aumentar la eficiencia eléctrica.

¿La fusión nuclear solucionará los problemas energéticos?

Desde hace miles de millones de años, el Sol genera energía mediante la fusión nuclear. Pequeños núcleos de hidrógeno se fusionan formando núcleos de helio más grandes con gran liberación de energía. Desde hace tiempo, los científicos intentan crear energía, también en la Tierra, a través de la fusión nuclear.

Lo lograron con la bomba de hidrógeno, en la cual se generan temperaturas de millones de grados

EL AUTOMÓVIL ELÉCTRICO

En el 2020 circularán en Alemania cerca de un millón de automóviles eléctricos. Estos automóviles con motores eléctricos funcionan con baterías recargables. Tienen muchas ventajas, por ejemplo, no producen emisión de gases, ni son tan ruidosos, tienen un grado de eficiencia mayor, un pleno rendimiento desde su puesta en marcha, menos reparaciones.

Por supuesto, esto solo tiene sentido si la energía para recargar sus baterías proviene de energías renovables.

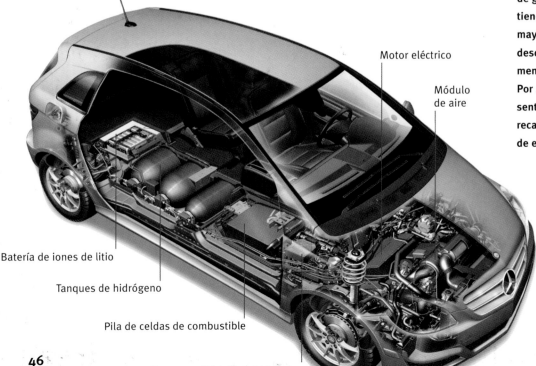

Motor eléctrico

Módulo de aire

Batería de iones de litio

Tanques de hidrógeno

Pila de celdas de combustible

Módulo de hidrógeno

Aquí el hidrógeno es el combustible, un motor eléctrico de tracción. ¿Reemplazará pronto el automóvil de celdas de combustible al automóvil de gasolina?

En el reactor de fusión de pruebas se hacen los primeros intentos para tener bajo control la fuente de energía del futuro.

ELEMENTOS PESADOS

Los núcleos pesados presentes en el Sol y los planetas, como los del oxígeno, carbono o hierro, no existían aún en los primeros momentos del espacio. Surgieron a través de los procesos de fusión nuclear en otras estrellas. Cuando estas explotaron al final de sus días liberaron los elementos pesados. Sin la vida y muerte de las generaciones de estrellas anteriores, la vida en la Tierra no existiría.

gracias a la explosión de una bomba atómica normal. Los isótopos de hidrógeno que contiene la bomba se fusionan en estas condiciones formando helio y liberando mucha energía. Esta es una combinación diabólica de fisión y fusión.

Generar esta energía de manera controlada en una central energética, es decir, construir un reactor de fu-

sión, es muy difícil. Hay que llevar el combustible, los pesados isótopos de deuterio y tritio a 100 millones de °C. La recompensa sería la solución a los problemas de energía, ya que con un volumen de 1 kilogramo de deuterio se obtendrían unos 24 millones de kWh. ¡Esto corresponde a la energía que se produciría con 3 millones de kilogramos de carbón!

Por supuesto, ningún tanque soportaría estas temperaturas. Por esto se intenta mantener unido el combustible con fuertes campos magnéticos o calentar durante poco tiempo pequeñas pastillas de combustible mediante pulsos de radiación láser, de forma que incluso a través de la fusión pueden entregar energía.

Aún estamos lejos de la aplicación técnica de la fusión nuclear. Si funcionara sin peligro para el humano y el ambiente, sería un gran progreso para la humanidad.

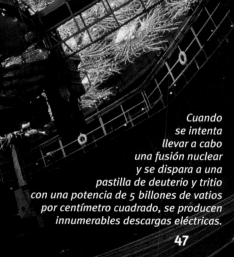

Cuando se intenta llevar a cabo una fusión nuclear y se dispara a una pastilla de deuterio y tritio con una potencia de 5 billones de vatios por centímetro cuadrado, se producen innumerables descargas eléctricas.

47

Glosario

Biogás: gas inflamable que se obtiene a partir de biomasa como purines, estiércol líquido y residuos verdes mediante la acción de bacterias.

Celda solar: sistema en el que la energía solar se transforma directamente en energía eléctrica.

Celdas de combustible: dispositivo con el que se obtiene energía eléctrica mediante la reacción química del hidrógeno con el oxigeno.

Central solar térmica: instalación en la que se evapora un fluido especial. La energía presente en este vapor caliente sirve para la producción de energía eléctrica.

Colector solar: dispositivo que capta la radiación solar, la transforma en calor y la entrega a un conductor de calor, por ejemplo, el agua.

Combustibles fósiles: restos de plantas y animales muertos, a partir de los cuales se han formado a lo largo de la historia de la Tierra combustibles como carbón, petróleo y gas natural.

Efecto invernadero: calentamiento de la atmósfera mediante gases como el dióxido de carbono y el metano que absorben el calor reflejado por la Tierra.

Energía geotérmica: energía obtenida de los flujos de calor del interior de la Tierra.

Energía hidráulica: producción de energía que se obtiene aprovechando el movimiento de las masas de agua.

Energía nuclear: ver energía atómica.

Energía atómica: energía obtenida de la fisión de núcleos grandes o de la fusión de núcleos pequeños.

Energías renovables: fuentes de energía como el Sol, el viento y el agua, que se renuevan sin intervención humana.

Fotovoltaica: generación de energía con celdas solares, así como su desarrollo, producción y aplicación.

Fusión nuclear: fusión de núcleos atómicos pequeños en núcleos grandes con producción de energía.

Hidrógeno: sustancia química más ligera y más abundante en el espacio. Fuente de energía más importante en una combustión normal y en la fusión nuclear.

Instalación *offshore*: agrupación de aerogeneradores (parque eólico) en mar abierto.

Parque eólico: agrupación de grandes y modernos aerogeneradores para la producción de energía a partir del viento.